마태복음

MATTHEW

말씀과 생활
강해 성경공부

원달준 지음

THE WORD & LIFE SERIES:
MATTHEW

THE WORD & LIFE SERIES: MATTHEW, An official resource for The United Methodist Church prepared by the General Board of Discipleship through Teaching and Study Resources and published by Cokesbury, 201 Eighth Avenue South, P. O. Box 801, Nashville, Tennessee 37202-0801. Printed in the United States of America. Copyright © 2012 by Cokesbury. All rights reserved.

To order copies of this publication, call toll free: 866-629-3101. Call Monday—Friday, 7:00-5:00 Central Time or 8:30-4:30 Pacific Time. You may FAX your order to 800-445-8189. Telecommunication Device for the Deaf/Telex Telephone 800-227-4091. Use your Cokesbury account, American Express, Visa, Discover, or MasterCard.

For permission to reproduce any material in this publication, call 615-749-6421, or write to Permissions Office, 201 Eighth Avenue South, P. O. Box 801, Nashville, Tennessee 37202-0801.

ISBN 9781426735899
Library of Congress Control Number: 2012935632

Scripture quotations in this publication, unless otherwise indicated, are taken from THE HOLY BIBLE, Old and New Testaments, New Korean Revised Version © Korean Bible Society 1998 and 2000. Used by permission of Korean Bible Society.

Writer: Dal Joon Won
Cover design by Roy Wallace III
Cover art: Copyright © 2012 Istockphoto

마태복음

목 차

말씀과 생활 강해 성경공부 … 4
마태복음 서론 … 6
마태복음을 쓴 목적 … 8
  1:1-25 … 예수님의 탄생 … 9
  2:1-12 … 동방 박사 … 14
  3:1-17 … 세례 요한의 사역 … 17
  4:1-25 … 예수님이 시험받으신 후 제자를 부르심 … 21
  5-7장 … 산상수훈 … 27
  8-9장 … 권능으로 보여주시는 예수님 … 50
  10:1-42 … 제자들의 사역과 저항 … 54
  11-13장 … 천국의 가르침과 회개의 삶 … 57
  14:1-21 … 오천 명을 먹이신 기적 … 66
  15:1-39 … 예수님을 거부하는 사람들 … 68
  16:13-28 … 베드로가 예수님을 그리스도로 고백함 … 72
  17:1-23 … 산상변화와 수난예고 … 77
  18:15-22 … 용서하는 삶 … 81
  19:16-30 … 천국과 재물 … 83
  20:1-28 … 포도원의 품꾼들과 수난예고 … 86
  21:1-25:46 … 고난주간 첫째 날과 둘째 날 … 90
  26:1-16 … 고난주간 셋째 날 (수요일) … 99
  27:1-61 … 고난주간 다섯째 날 (금요일) … 106
  28:1-20 … 예수님의 부활 … 115
저자 소개 … 119

말씀과 생활 강해 성경공부

　우리는 성경을 읽고 공부하면서 하나님의 뜻을 알 수 있고, 하나님을 만날 수 있고, 하나님의 음성을 들을 수 있고, 우리의 신앙생활을 위하여 안내를 받을 수 있다. 성경은 다양한 방법으로 공부할 수 있고 또한 지금까지 성경공부를 위한 수없이 많고 다양한 자료가 출판되었다. 모두가 신앙생활을 하는데 도움이 되는 책들이다.
　그러한 의미에서 이 성경공부 교재에 대한 심각한 질문들이 제기될 것이다. 지금까지 출판된 많은 성경공부 자료들과 무엇이 다르다는 말인가?
　이 말씀과 생활 강해 성경공부는 성경 말씀 속으로 좀 더 깊이 들어갈 수 있도록 안내해 주는 데 목적이 있을 뿐만 아니라, 주어진 말씀을 조용하게 묵상해 보고 우리의 생활 속에서 적용할 수 있도록 안내해 주는 데 그 목적이 있다. 이 성경공부 교재를 사용하는 사람은 다음과 같은 혜택을 기대할 수 있을 것이다.

*개인의 묵상 시간을 위하여 사용할 수 있다.
*성경 말씀 속에서 자신의 모습을 볼 수 있도록 한다.
*성경 말씀에 대한 정보뿐만 아니라 성경이 인도하려는데 초점을 맞춘다.
*개인의 생각을 성경에서 입증하려고 하기보다는 오히려 성경 속에서 하나님의 음성을 듣는데 초점을 맞춘다.
*본문에 비추어 나의 삶이 어떻게 변화되어야 하는가를 자신에게 묻는다.
*삶이 변화되기 위하여 내가 무엇을 하나님께 구하고 또 내 스스로가 무엇을 내려놓아야 하는가를 항상 묻고 답을 찾도록 한다.
*어떻게 하면 주님께 헌신하는 삶을 살 수 있을까를 자신에게 묻고 답을 찾는다.

*예수님을 믿는 것과 예수님의 삶을 사는 것의 간격을 줄이려면 어떻게 해야 하는가를 생각하며 산다.
*믿음생활을 방해하는 것들을 어떻게 제거할 수 있는지 길을 찾는다.
*그리스도께 헌신하는 삶을 살려면 무엇을 어떻게 해야 할까를 자신에게 묻고 답을 찾는다.
*우리 교회는 변화를 위해 무엇을 어떻게 해야 할까를 생각하고 기도한다.
*성경 66권 전체를 책별로 다루기 때문에 주어진 한 책을 가지고 시간에 제한 없이 묵상하거나 공부할 수 있다.
*성경 번역본은 개역개정 외 새번역, 공동번역, Common English Bible (CEB), New Revised Standard Version (NRSV)을 참조한다.
*소그룹 셋팅에서 사용할 수 있다.

    이 교재는 한 자리에서 한 장씩 공부하도록 고안된 것이 아니다. 성경책 순서대로 내용을 다루기 때문에 시간이 허용되는 대로 한 단락, 혹은 한 이야기, 혹은 한 장씩 공부하거나 공부하고 싶은 본문을 찾아 묵상하면 된다.

마태복음 서론

기독교는 나사렛 예수의 삶과 그의 가르침, 죽음, 부활, 승천 위에 기초를 두고 있는 신앙이다. 신약성경 처음에 나오는 복음서들(마태복음, 마가복음, 누가복음, 그리고 요한복음)은 예수님의 삶과 가르침과 죽음과 부활과 승천과 성령의 역사를 가르쳐 주는 책들이다.

우리는 마태복음과 마가복음과 누가복음을 일반적으로 공통적인 관점에서 본다는 뜻으로 "공관복음서"라 부르고, 요한복음은 다른 세 복음서와 내용의 흐름이 다를 뿐만 아니라, 공관복음서에 소개되어 있지 않은 예수님에 대한 내용들을 소개한다고 하여 "제4복음서"라고 부른다.

주후 80-85년경에 마태복음이 처음 쓰여질 당시의 독자들은 주로 유대교 출신 크리스천들이었지만, 마태복음은 지나간 2천년 동안 모든 크리스천의 삶에 막대한 영향을 준 복음서이다. "마태"라는 이름은 "하나님의 선물"이라는 뜻이고, 헬라어 영향권에서 사용된 이름이다. 우리는 마태복음의 저자가 "마태"라고 일반적으로 말하고 있지만, 정확한 저자는 알 수가 없다. "마태복음"이라는 책명도 신약성경이 경전화 되어 가는 과정에서 2세기에 교회가 붙인 이름이다.

"복음"은 일반적으로 "기쁜 소식"이라고 정의하는데, 그 기쁜 소식의 내용은 예수 그리스도 안에 나타난 하나님의 구원 역사이다. 복음서들은 구원의 역사를 선포하고 복음을 해석하는데 기준이 되는 책들이다.

모든 예수님의 말씀은 구전으로 전승되어 내려오다가 예수께서 전파하신 그 말씀 내용을 "처음부터 목격자와 말씀의 일꾼된 자"(눅 1:2)들이 전해 주었고, 또한 그 전해 준 내용들을 "붓을 들어 기록한 사람들"이 있었다 (눅 1:4). 그러므로 복음서들은 구체적인 역사적 사건을 놓고 신학적인 의미를 제공하여 주기 위하여 특정의 문학형식에 따라 쓰여진 책들이다. 마태복음도 마찬가지이다. 그러므로 복음서의 내용을 포착하려면, 복음서가 쓰여진 역사와 그 당시의 문학과 저자가 의도한 신학을 이해하면 복음서를 이해하는데 큰 도움이 된다. 그러한 의미에서 우리는 초대교회 때 복음서가 쓰여진 의도를 포착한 후, 그것을 우리가 살고 있는 현대에 적용해야지, 현대의 기준으로 복음서의 내용을 정리하면 복음서가 의도했던 말씀의 진가를 이해하지 못할 위험성이 있다. 마태복음은 복음서 중에서 가장 교회를 생각하며 쓴 책이고, 교회의 성도들의 믿음을 굳건하게 하기 위해 쓴 신앙 지침서라고 말할 수도 있다.

마태복음이 27권의 신약성경 가운데 제일 먼저 소개되는 이유는 마태복음서가 신약성경에서 제일 먼저 쓰여진 책이기 때문이 아니라, 구약성경과 신약성경의 교량 역할을 제일 잘 하고 있기 때문이다. 신약성경은 예수님이 이 땅에 오신 목적의 관점에서 구약성경을 읽고 있지만, 구약성경에 뿌리를 박고 있는 책들이다. 구약에서 예언된 것들이 예수님 안에서 성취된 것을 제일 많이 강조하는 책이 마태복음이라는 의미에서 신약성경의 제일 첫 번에 놓이게 되었다.

초대교회 사람들은 예수님이 곧 재림하실 것으로 생각하여 예수님의 삶이나 가르침을 구전으로만 전승시켜 내려오다가 예수님을 목격하고 따르던 사람들이 점점 세상에서 사라지게 되자 예수님의 가르침을 다음 세대에 전해 주기 위하여 문서를 남겨야겠다고 생각했다. 그리고 이 시기에 실제로 많은 문헌이 쏟아져 나왔는데, 신약성경을 편집하는 사람들은 예수님의 제자들, 예수님을 목격한 사람들, 바울, 그리고 바울과 함께 사역한 사람들로 저자들의 범위를 좁혀 27권의 책들을 수집했다.

예수님을 만나고 체험한 사람들이 주후 50년부터 신약성경을 쓰기 시작한 이후 주후 115-120년경에 와서 마지막 책이 쓰여지기는 했지만, 주후 397년 칼타고회의에 가서야 신약성경이라는 경전으로 완료되었다.

마태복음을 쓴 목적

*마태복음은 그의 독자들에게 하나님의 계획에 따라 예수님을 하나님의 아들로, 메시야로, 구세주로 이 땅에 육신을 입고 오신 분으로 소개해 주려고 썼다.

*마태복음은 예수께서 그의 생애와 사역을 통하여 구약성경의 예언을 성취하신 분이심을 입증하려고 썼다.

*아브라함으로부터 예수님까지 하나님의 계속적인 구원 역사를 보여주려는 목적에서 썼다.

*역사는 우연한 것이 아니라, 하나님의 계획에 따라 움직이고 있다는 사실을 입증해 주려고 썼다.

*예수께서 "가서 모든 민족을 제자로 삼아 아버지와 아들과 성령의 이름으로 세례를 베풀고, 예수님이 분부하신 모든 것을 가르치"라고 교회에 주신 대사명을 이행하려고 썼다.

마태복음 1:1-25
예수님의 탄생

━▶ 주요 메시지

1:1. 아브라함과 다윗의 자손 예수 그리스도.
1:21. 아들을 낳으리니 이름을 예수라 하라.
1:23. 아들을 낳을 것이요 그의 이름을 임마누엘이라 하라.

1:1-17
예수님의 계보

━▶ 말씀 속으로 ◀━

1:1 아브라함과 다윗의 자손 예수 그리스도의 계보라.

예수님은 누구이신가?
예수님은 아브라함과 다윗의 자손 그리스도이시다.
"아브라함"이라는 이름의 뜻은 "많은 무리의 아버지"이다. 그는 유대인이요, 이스라엘의 창시자로, 믿음의 조상이다.
"다윗의 자손"이라 함은 구약성경이 다윗의 가문을 통하여 메시야가 오리라는 예언을 전제로 하는 말이다.
"예수"는 헬라어 이름이고, "여호수아"는 히브리어 이름인데, 이 두 이름은 "죄에서 구원할 자"라는 뜻이다. 그리고 "그리스도"와 "메시야"도 "기름부음을 받은 자"라는 같은 뜻인데, 그리스도는 헬라어이고, "메시야"는 히브리어이다.
기독교는 예수 그리스도에게 기초를 두고 있는 믿음이기 때문에 크리스천이면 누구나 "예수 그리스도는 누구이신가?"라는 질문에 개인적으로 답을 해 보아야 한다. 예수 그리스도는 우리의 구세주이시자, 우리를 주관하시는 주님이시다.

크리스천은 예수 그리스도께서 가르치신 교훈에 기초하여 그를 믿고, 의지하고, 복종하고, 섬기는 사람이다. 그리고 예수님의 교훈을 배워서 안다고 하더라도 예수 그리스도를 구세주로 그리고 메시야로 믿지 못하면 크리스천이 될 수 없다. 그래서 "예수 그리스도"라는 호칭은 우리의 신앙고백이 되기도 한다.

우리가 예수님을 "예수 그리스도"라고 고백할 때, 예수님은 인간으로 이 세상에 오셔서 생활하셨고, 가르치셨고, 고난 받으셨고, 죽으셨고, 부활하셨고, 승천하셨고, 성령으로 우리를 찾아오시는 인간 예수와 신성을 가지고 계신 구세주와 그리스도를 동시에 고백하는 것이다. 그러므로 예수 그리스도는 우리가 믿는 신앙의 내용이다. 마태복음은 그분을 처음부터 소개하는 것이다.

"계보"(족보)는 "시작," "삶이 계속되어 간다"는 뜻이다. 마태복음이 계보로 시작하는 이유는 정확한 역사적인 정보를 제공하기 위해서 조상들의 이름을 나열하는데 목적이 있는 것보다는 아브라함으로부터 예수님까지 하나님의 계속적인 구원 역사를 보여주려는 것이다.

➡ **말씀 속으로** ⬅

1:17 그런즉 모든 대 수가 아브라함부터 다윗까지 열네 대요 다윗부터 바벨론으로 사로잡혀 갈 때까지 열네 대요 바벨론으로 사로잡혀 간 후부터 그리스도까지 열네 대더라.

마태복음은 42명의 이름을 세 그룹으로 분리하여 소개한다. 첫째 그룹은 아브라함부터 다윗까지이고, 둘째 그룹은 다윗부터 바벨론까지이고, 셋째 그룹은 바벨론부터 예수님까지이다. 이렇게 역사를 분리하는 이유는 유대 역사를 그렇게 분리하고 있기 때문이고, 14대를 한 그룹으로 생각하는 것은 역대상 1-2장에 그렇게 분리되어 있기 때문이다.

1:18-25
예수 그리스도의 나심

➡ 주요 메시지
예수님은 누구이신가?
1:1. 예수님은 아브라함과 다윗의 자손으로 태어나신 분이다.
1:18. 예수님은 그리스도(메시야)이시다.
1:21. 예수님은 구세주(구원자)이시다.
1:23. 예수님은 임마누엘이시다.

➡ 말씀 속으로 ⬅

1:18 예수 그리스도의 나심은 이러하니라 그의 어머니 마리아가 요셉과 약혼하고 동거하기 전에 성령으로 잉태된 것이 나타났더니 19 그의 남편 요셉은 의로운 사람이라 그를 드러내지 아니하고 가만히 끊고자 하여 20 이 일을 생각할 때에 주의 사자가 현몽하여 이르되 다윗의 자손 요셉아 네 아내 마리아 데려오기를 무서워하지 말라 그에게 잉태된 자는 성령으로 된 것이라 21 아들을 낳으리니 이름을 예수라 하라 이는 그가 자기 백성을 그들의 죄에서 구원할 자이심이라 하니라 22 이 모든 일이 된 것은 주께서 선지자로 하신 말씀을 이루려 하심이니 이르시되 23 보라 처녀가 잉태하여 아들을 낳을 것이요 그의 이름은 임마누엘이라 하리라 하셨으니 이를 번역한즉 하나님이 우리와 함께 계시다 함이라 24 요셉이 잠에서 깨어 일어나 주의 사자의 분부대로 행하여 그의 아내를 데려왔으나 25 아들을 낳기까지 동침하지 아니하더니 낳으매 이름을 예수라 하니라.

예수님의 탄생 이야기는 마태복음과 누가복에만 기록되어 있다. 마태복음은 예수님의 탄생을 요셉에게 초점을 맞추어 이야기를 전개하고 (1:20), 누가복음은 마리아에게 초점을 맞추어 이야기를 전개한다 (눅 1:38). 그러나 하나님께서 요셉을 통하여 역사하셨느냐, 아니면 마리아를 통하여 역사하셨느냐는 질문은 중요한 것이 아니다. 하나님은 요셉과 마리아라는 사람들을 통하여 아기 예수가 하나님의 구원 계획에 따라 기적적으로 탄생하게 되었다는 것이 중요한 것이다.

마태복음은 예수님이 다윗의 가문을 통하여 탄생하셨음을 마태복음 처음부터 분명하게 강조한다. 왜냐하면 구세주이시자 메시야 되시는 분은 다윗의 혈통을 통해 오시기로 오랫동안 구약성경에 예언되어 왔기 때문이고, 예수님은 선지자들을 통하여 예언되어 온 그 예언을 성취하시는 분이시기 때문이다. "아들을 낳으리니 이름을 예수라 하라 이는 그가 자기 백성을 그들의 죄에서 구원할 자이심이라" (1:21).

요셉은 마리아와 약혼한 사이었다. 이 당시 유대 사람들은 우선 양가의 부모들에 의해 결혼이 약속되었고, 약혼한 여자들의 나이는 대부분 12-14살이었다. 약혼을 했으면 일년 정도 경과한 후 결혼식을 올렸고, 여자가 남자의 집으로 옮겨감으로써 정식 부부가 되었다. 약혼한 후 정혼자가 사망하면 과부로 인정되며, 약혼을 파약하려면 이혼 증서가 필요하였다. 마리아는 바로 이 약혼 중이었고, 이 과정에서 임신을 하게 된 것이다.

"성령으로 잉태된 것"은 하나님께서 개입하셨다는 뜻이고, 예수님의 신성을 강조하는 것이다.

"요셉은 의로운 사람이라"는 뜻은 요셉은 율법을 철저하게 준수하던 사람이었음을 가리키는 말이다. 의로운 사람은 삶의 어려운 문제와 씨름하며, 하나님이 지시하는 대로 행하는 사람이다. 요셉은 다윗의 자손이다. 그러므로 예수님도 다윗의 자손이시다. 메시야는 다윗의 가문을 통하여 올 것이라고 오랫동안 예언되어 왔다. 요셉의 약혼녀 마리아가 잉태하게 된 것은 성령의 도움으로 된 것이다.

천사가 일러준 대로 요셉과 마리아에게서 아기가 탄생했다. 그리고 천사가 일러준 대로 요셉과 마리아는 아기의 이름을 "예수"라고 지었다. "예수"라는 이름의 뜻은 "죄에서 구원할 자"이다. "예수"라는 이름 자체는 세상에 한 사람만이 가지고 있던 특별한 이름은 아니었다. 예수라는 이름은 예수님 당시 평민들 가운데 많이 사용되고 있던 이름이었다. 히브리인들은 이 이름을 여호수아라고 불렀고, 일반 평민들은 여호수아 또는 예수라고 불렀다.

그러나 크리스천에게 "예수"라는 이름은 요셉과 마리아 가정을 통하여 세상에 오시고, 젊은 시절에 목수 일을 하시고, 나이 30이 되어 공생애를 시작하시어 하나님의 나라를 선포하시고, 가르치시고, 기적을 행하시고, 고난받으시고, 죽으시고, 장사되시고, 부활하시고, 승천하시고, 성령으로 우리와 함께하시는 분이기 때문에 특별한 이름으로 정체성을 지니게 된 이름이다.

예수님에게는 또 다른 이름이 주어졌는데, 그 이름은 "임마누엘"이다 (23-24절). 임마누엘은 "하나님이 우리와 함께 계시다"라는 뜻이고, 하나님께서 이 땅에 오셔서 인간과 함께하시기를 원하고 계심을 말해 주는 이름이다. 임마누엘은 인간의 죄와 관련되어 있는 분이시다. 임마누엘이라는 이름을 제일 처음 사용한 선지자는 이사야이다 (사 7:14). 예수님에게 임마누엘이라는 이름이 주어진 것은 이사야 선지자의 예언이 성취되었다는 뜻이다.

▶생활 속으로

☼ "예수"라는 이름을 언제 처음 들어 보았는가?

☼ 예수님이 성령으로 잉태되었다는 것은 하나님의 계획과 권능으로 잉태되었다는 뜻이다. 또한 예수님은 하나님의 계획과 권능으로 죽음을 이기고 부활하셨다. 둘 다 하나님의 권능으로 일어난 사건이라고 한다면, 우리는 왜 부활은 믿는데 처녀 탄생은 믿기 어려워할까?

☼ 크리스마스와 관련된 좋은 추억들이 있으면, 서로 나누어 보자.

☼ 임마누엘이 되시는 예수님을 믿는가? 내가 믿는 임마누엘 되시는 예수님을 증언하기 위해 그분의 이름으로 금주에 나의 도움을 가장 필요로 하는 사람과 한 시간 정도 함께 해 줄 수는 없을까?

☼ 예수 그리스도가 내 안에서 역사하고 계시다는 사실을 체험해 보았는가?

마태복음 2:1-12
동방 박사

➡ 주요 메시지

2:2. 예수님은 유대인의 왕이시다.
2:5-6. 그리스도(메시야)가 구약성경에 예언된 대로 베들레헴에서 탄생하시다.
2:11. 예수님은 경배를 받으시기에 합당하신 분이시다.

➡ 말씀 속으로 ⬅

2:1 헤롯 왕 때에 예수께서 유대 베들레헴에서 나시매 동방으로부터 박사들이 예루살렘에 이르러 말하되 2 유대인의 왕으로 나신 이가 어디 계시냐 우리가 동방에서 그의 별을 보고 그에게 경배하러 왔노라 하니 3 헤롯 왕과 온 예루살렘이 듣고 소동한지라 4 왕이 모든 대제사장과 백성의 서기관들을 모아 그리스도가 어디서 나겠느냐 물으니 5 이르되 유대 베들레헴이오니 이는 선지자로 이렇게 기록된 바 6 또 유대 땅 베들레헴아 너는 유대 고을 중에서 가장 작지 아니하도다 네게서 한 다스리는 자가 나와서 내 백성 이스라엘의 목자가 되리라 하였음이니이다 7 이에 헤롯이 가만히 박사들을 불러 별이 나타난 때를 자세히 묻고 8 베들레헴으로 보내며 이르되 가서 아기에 대하여 자세히 알아보고 찾거든 내게 고하여 나도 가서 그에게 경배하게 하라 9 박사들이 왕의 말을 듣고 갈새 동방에서 보던 그 별이 문득 앞서 인도하여 가다가 아기 있는 곳 위에 머물러 서 있는지라 10 그들이 별을 보고 매우 크게 기뻐하고 기뻐하더라 11 집에 들어가 아기와 그의 어머니 마리아가 함께 있는 것을 보고 엎드려 아기께 경배하고 보배합을 열어 황금과 유향과 몰약을 예물로 드리니라 12 그들은 꿈에 헤롯에게로 돌아가지 말라 지시하심을 받아 다른 길로 고국에 돌아가니라.

"헤롯 왕 때"는 아기 예수가 태어난 시기적 배경을 말하는 것이고, 아기 예수의 탄생이 역사적인 사건이었음을 강조하려는 것이다. 헤롯 대왕은 주전 37년부터 주후 4년까지 팔레스타인을 통치한 왕이었다. 헤롯 대왕은 성격이 난폭하고, 잔인해서, 많은 사람을 감옥에 가두거나 처형시킨 왕이었다. 헤롯 대왕에게는 다섯 명의 부인이 있었는데, 그 중에 한 명을 처형시켰으며, 일곱 아들 가운데 셋을 처형시켰다. 신약성경에서 헤롯 왕으로 알려진 왕들로는 아켈라오 (신약성경에서 한 번 언급됨. 유대 지역 분봉왕이었음. "분봉"은 한 지역의 사분의 일이라는 뜻), 헤롯 안디바 (갈릴리 지역 분봉왕), 헤롯 빌립 (갈릴리 동북 지역), 아그립바 1세 (헤롯 대왕의 손자), 아그립바 2세(헤롯 대왕의 증손자)는 팔레스타인을 130년 동안 통치했다.

　헤롯 대왕이 통치하던 때에, 박사들이 별을 보고 동방으로부터 유대인의 왕으로 나신 이를 경배하러 왔다. 동방 박사 이야기에서 "박사"는 헬라어 "마고스"를 번역한 단어이다. "박사"라는 단어는 예수님이 태어날 당시 그 지역 사람들에게 널리 사용되고 있던 단어였다. 이 단어는 세 가지 의미로 사용되고 있었다. 첫째로, 개역개정판 사도행전에서 번역된 "마술사"와 개역판에 번역된 "박수"로 사용되고 있었다 (행 13:6, 8). 둘째로, 당시 페르시아를 중심으로 하여 잘 알려졌던 조로아스터교 혹은 배화교의 사제들을 가리키는 단어였다. 셋째로, "점성가" 혹은 "천문학자"를 가리키는 단어였다 (2:2). 물론 동방 박사의 이야기에 나오는 "박사"는 이 점성가들을 일컫는 단어이다.

　우리가 일반적으로 알고 있는 동방 박사 "세 사람"은 동방 박사들이 세 개의 선물(황금과 유향과 몰약)을 가지고 베들레헴에 와서 아기 예수께 예물을 드렸기 때문에 동방 박사 세 사람으로 불리게 된 것이지, 헬라어 사본 성경에는 셋이라는 숫자가 없다. 마태에게 중요했던 것은 동방 박사들이 점성가들이었다는 것보다는 이방인들이 유대인의 왕을 경배하기 위하여 먼 이방으로부터 별을 따라 왔다는 것이 더 중요한 것이었다.

헤롯 대왕에게 동방 박사가 아기 예수를 찾아온 사건은 종교 지도자들과 사회 지도자들인 대제사장과 서기관들을 불러모아 아기 예수가 탄생한 곳에 대하여 알아보게 할 정도로 크게 두려움을 주는 사건이었다.

아기 예수가 탄생한 "베들레헴"은 예루살렘에서 5마일 떨어져 있는 곳이었다. 베들레헴은 다윗이 태어난 곳으로 잘 알려져 있었고, 라헬의 무덤과 룻의 이야기로 잘 알려져 있던 곳이다. 구약성경은 메시야가 베들레헴에서 탄생할 것으로 예언해 왔다. 예수님은 베들레헴에서 탄생하심으로써 그 예언이 성취되었다 (미가서 5:2).

동방 박사들은 집에 들어가 제일 먼저 아기 예수께 경배드렸다. 그리고 박사들은 보배함을 열어 "황금"과 "유향"과 "몰약"을 예물로 드렸는데, "황금"은 왕과 권능을 상징하고, "유향"은 제사장과 기도를 상징하고, "몰약"은 죽음과 속죄를 상징하는 예물이다. 다시 말해, 동박 박사들이 가지고 온 예물들은 왕 되시는 예수님, 대제사장 되시는 예수님, 구원자 되시는 예수님의 정체성을 명확하게 증언하여 주는 예물들이다.

━▶생활 속으로

☼ 동방 박사들이 별을 보고 아기 예수를 경배하러 왔듯이, 나의 삶 속에서 예수님의 존재를 확신시켜준 어떤 표적을 경험해 본 적이 있는가?

☼ 내가 예수께 드릴 수 있는 가장 소중한 예물은 무엇이라고 생각하는가?

☼ 동방 박사에 관한 이야기 중에서 기억에 떠오르는 좋은 이야기들을 서로 나누어 보자.

☼ 왜 어떤 사람들은 자연 현상 속에서 특별한 의미를 포착할 수 있고 또 어떤 사람들은 같은 현상을 보면서도 전혀 그러한 의미를 포착할 수 없는 것일까?

마태복음 3:1-17
세례 요한의 사역

━▶ 주요 메시지

3:1. "회개하라 천국이 가까이 왔느니라."
3:10. 열매를 맺지 아니하는 나무는 찍혀 불에 던져질 것이다.
3:11. 예수님은 성령과 불로 세례를 베푸실 분이시다.
3:12. 알곡은 모아 곳간에 들이고 쭉정이는 꺼지지 않는 불에 태울 것이다.

━▶ 말씀 속으로 ◀━

3:1 그 때에 세례 요한이 이르러 유대 광야에서 전파하여 말하되
2 회개하라 천국이 가까이 왔느니라 하였으니.

   3장에서는 세례 요한의 사역을 간단하게 소개하면서 그의 사역을 통하여 유대인들이 갈망하던 메시야가 바로 예수님이심을 알려준다. "그 때"는 세례 요한이 광야에서 외치던 때이며, 주후 27-29년이다. 유대인들은 요한의 사역을 이사야 40:3(외치는 자의 소리여 이르되 너희는 광야에서 여호와의 길을 예비하라 사막에서 우리 하나님의 대로를 평탄하게 하라)이 성취된 것으로 생각했었다.
   세례 요한이 전파한 내용은 "회개하라 천국이 가까이 왔느니라"였다. "회개"는 나 중심의 삶에서 하나님 중심의 삶으로 방향을 바꾸어 가는 것이다. 회개는 내가 통제하던 삶을 하나님의 주권에 전적으로 내어 맡기는 삶이다. 회개는 단순히 마음을 바꾸거나 혹은 미안하게 생각하는 것 이상의 것이며, 마음과 사고의식과 행동을 바꾸어 삶의 방향 자체를 돌리는 것이다.

"천국이 가까이 왔느니라"는 하나님께서 통치하시는 새로운 질서의 나라가 임했다는 말이다. 신약성경에서 천국은 하나님과 함께 하는 곳이며, 하나님과 함께 생활하는 데서 오는 다이나믹한 힘을 의미한다. 마태복음은 주로 "천국"이라는 용어를 선호하고, 마가복음과 누가복음은 "하나님의 나라"라는 용어를 선호한다. 이 둘은 같은 표현인데, 마태복음은 유대인들의 전통에 따라 하나님의 이름을 직접 부르는 것을 회피하기 위하여 천국이라고 표현했지만, 예수 그리스도는 하늘과 땅의 주인이시라는 것을 강조하기 위함도 있다.

━▶생활 속으로
☼ 예수님이 나에게 천국의 사람이 되기 위해 이것만은 회개하라고 명하신다면, 그것은 무엇일까?
☼ 하나님의 자녀로서 의도적으로 하나님을 향해 가기 위한 훈련으로 무엇을 실천하고 있는가?

━▶말씀 속으로◀━

3:3 그는 선지자 이사야를 통하여 말씀하신 자라 일렀으되 광야에 외치는 자의 소리가 있어 이르되 너희는 주의 길을 준비하라 그가 오실 길을 곧게 하라 하였느니라 4 이 요한은 낙타털 옷을 입고 허리에 가죽 띠를 띠고 음식은 메뚜기와 석청이었더라 5 이 때에 예루살렘과 온 유대와 요단 강 사방에서 다 그에게 나아와 6 자기들의 죄를 자복하고 요단 강에서 그에게 세례를 받더니 7 요한이 많은 바리새인들과 사두개인들이 세례 베푸는 데로 오는 것을 보고 이르되 독사의 자식들아 누가 너희를 가르쳐 임박한 진노를 피하라 하더냐 8 그러므로 회개에 합당한 열매를 맺고 9 속으로 아브라함이 우리 조상이라고 생각하지 말라 내가 너희에게 이르노니 하나님이 능히 이 돌들로도 아브라함의 자손이 되게 하시리라 10 이미 도끼가 나무 뿌리에 놓였으니 좋은 열매를 맺지 아니하는 나무마다 찍혀 불에 던져지리라.

3:3. 3절은 이사야 40:3을 인용한 것이다. 하나님께서 출

애굽을 통하여 이스라엘 백성을 소망의 길로 인도해 주시고, 바벨론 포로생활에서 약속의 땅으로 귀환하게 하여 주셔서 이스라엘 백성이 새롭게 출발할 수 있도록 소망의 길을 보여 주셨다는 구절이다. 그러므로 이사야 40:3은 하나님의 백성을 소망의 길로 인도하는 하나님의 길 곧 곧은 길이다. 세례 요한은 이 하나님의 길을 예비하러 온 선지자이다. 그리고 3:3에서의 이 길은 예수님의 길이다. 예수님의 길은 죄에서 허덕이는 백성들을 구원하여 소망의 길로 인도하는 길이다.

3:8. 세례 요한의 사역을 간단하게 표현하라면, "회개하라"와 "회개에 합당한 열매를 맺으라"이다. 누가복음에 나오는 탕자와 같이 회개하고 아버지께 돌아옴으로써 아버지의 사랑과 용서를 통하여 사랑받는 아들로 회복되는 것이 회개에 합당한 열매이다.

3:11. 요한은 물로 세례를 베풀고, 예수님은 성령과 불로 세례를 베푸신다. 요한의 세례가 세례를 받는 사람들로 하여금 죄를 자각하게 하고 새로운 삶으로 향하게 하는 전환을 말하는 것이라면, 예수님의 성령과 불의 세례는 새로운 메시야 시대에서 구원받은 하나님의 자녀들로 살게 하기 위한 새 생명과 힘을 얻게 하는 것이다.

"성령과 불의 세례"는 삶의 변화를 위한 하나님의 권능을 말하는 것이다.

▶ 생활 속으로

☼ 좋은 열매를 맺지 않는 나무는 찍혀 불에 던져질 것이라고 하는데, 하나님 앞에 "이것이 제가 맺은 열매입니다" 하고 내놓을 수 있는 열매 세 개만 들어 보자.

☼ 오늘날 크리스천들은 성령이 누구이신가에 관심을 갖는 것보다는 성령의 은사에 더 관심이 많은 것 같다. 성령은 누구이신가? 그분을 체험해 보았는가?

☼ 물의 세례와 성령과 불의 세례의 차이는 무엇일까?

3:13-17
예수님의 공생애 시작

━▶말씀 속으로◀━

3:13 이 때에 예수께서 갈릴리로부터 요단 강에 이르러 요한에게 세례를 받으려 하시니 14 요한이 말려 이르되 내가 당신에게서 세례를 받아야 할 터인데 당신이 내게로 오시나이까 15 예수께서 대답하여 이르시되 이제 허락하라 우리가 이와 같이 하여 모든 의를 이루는 것이 합당하니라 하시니 이에 요한이 허락하는지라 16 예수께서 세례를 받으시고 곧 물에서 올라오실새 하늘이 열리고 하나님의 성령이 비둘기 같이 내려 자기 위에 임하심을 보시더니 17 하늘로부터 소리가 있어 말씀하시되 이는 내 사랑하는 아들이요 내 기뻐하는 자라 하시니라.

3:14-17. 예수님은 하나님의 목적과 사명을 완수하려고 세례를 받으셨다. 세례를 통하여 그의 사역의 정체성을 보여주셨다. 그리고 후에 그와 함께 할 사람들이 행해야 할 본을 보여주기 위해 세례를 받으셨다.

우리는 왜 세례를 받는가? 세례는 하나님의 은총으로 하나님께서 우리를 자녀로 삼으신다고 선포하는 내용이며, 우리가 믿음과 사랑으로 살겠다고 하나님께 응답하는 우리의 약속이다. 세례는 우리가 믿음의 공동체로 들어가는 것을 의미하여, 참회와 내적인 죄사함을 상징하는 것이다. 세례는 예수 그리스도 안에서의 중생의 표시이며, 그리스도의 제자직의 표시이다.

3:16. "하늘이 열렸다"는 하나님의 계시를 뜻하는데, 예수님의 탄생 때 함께 한 성령, 예수님이 세례를 받을 때 함께 하는 성령, 이 성령은 예수님이 사역하실 때에도, 십자가와 부활에도 함께하실 것이다.

3:17. "비둘기"는 하나님의 영의 상징이다. 특히 하나님의 희생적인 사랑으로 평화를 가져오는 것을 상징한다. 그리고 비둘기는 희망과 새로운 가능성과 기적을 기대하는 마음을 상징해 주기도 한다.

마태복음 4:1-25
예수님이 시험받으신 후 제자를 부르심

주요 메시지

4:3-4. 첫째 시험: 네가 만일 하나님의 아들이어든 명하여 이 돌들로 떡덩이가 되게 하라.

4:5-7. 둘째 시험: 마귀가 예수님을 성전 꼭대기에 세우고 이르되 네가 만일 하나님의 아들이어든 뛰어내리라.

4:8-10. 셋째 시험: 마귀가 또 그를 데리고 지극히 높은 산으로 가서 천하 만국과 그 영광을 보여 이르되 만일 내게 엎드려 경배하면 이 모든 것을 네게 주리라.

4:17. 예수님의 첫 선포: 회개하라 천국이 가까이 왔느니라.

4:19. 나를 따라오라 내가 너희를 사람을 낚는 어부가 되게 하리라.

4:1-11
예수님이 시험을 받으시다

말씀 속으로

4:1 그 때에 예수께서 성령에게 이끌리어 마귀에게 시험을 받으러 광야로 가사 2 사십 일을 밤낮으로 금식하신 후에 주리신지라.

3장에서 예수님의 정체성이 메시야로 밝혀지자마자, 4장에서 마귀가 메시야이시자 "하나님의 아들"로서 세상에서 사역하실 예수님의 "충성도"를 시험해 보려고 한다. 마귀는 하나님께서 메시야에게 주신 하나님의 거대하신 목적과 사명이 정말 예수님을 통하여 이루어질 것인가를 궁금해 한다.

예수께서 광야에서 40일 동안 금식기도 하실 때 받은 시험 순서는 이스라엘 백성이 광야에서 40년 동안 방황하면서 받은 시험과 같은 순서이다 (출 16-17장; 19-32장). 즉, 하나님의 백성 모두에게 임하는 시험임을 강조하는 것이다. 그리고 이 세 시험의 초점은 예수님은 하나님의 말씀에 신실하셨다는 것이다.

"마귀"는 하나님의 뜻을 반대하는 악한 세력을 말한다. 신약성경에서 마귀, 사탄, 귀신은 다 같은 차원에서 하나님의 일을 반대하는 세력으로 나타난다.

"광야"는 마귀의 활동 지역일 뿐만 아니라, 이스라엘 백성이 젖과 꿀이 흐르는 약속의 땅에 들어가기 전 훈련받은 훈련의 장이기도 하다. 인간의 몸으로 이 땅에 오신 예수님이 40일 동안 광야에서 금식하시는 것은 이스라엘 백성이 40년 동안 광야생활을 하면서 하나님의 목적과 사명을 이루기 위해 훈련받던 것을 생각나게 해준다. 마귀는 예수님의 정체성을 놓고 도전한다. 과연 하나님의 아들 예수님은 자신의 삶을 중심으로 하여 삶을 펼쳐나갈 것인가 아니면 하나님의 뜻에 따라 그의 삶을 펼쳐나갈 것인가를 도전하는 것이다.

━▶생활 속으로
☼ 내가 마귀의 시험에 솔깃하여 잘 넘어가는 것은 무엇인가?

━▶말씀 속으로◀━

4:3 시험하는 자가 예수께 나아와서 이르되 네가 만일 하나님의 아들이어든 명하여 이 돌들로 떡덩이가 되게 하라. 4 예수께서 대답하여 이르시되 기록되었으되 사람이 떡으로만 살 것이 아니요 하나님의 입으로부터 나오는 모든 말씀으로 살 것이라 하였느니라 하시니.

3-4절은 예수님이 광야에서 받으신 첫 번째 시험이다.

40일 동안의 금식기도 후에 돌들로 떡덩이가 되게 하는 것은 자연적인 현상이 아닌가! 예수님은 하나님이 주신 성령의 힘을 현재의 배고픔을 충족시키는 데 사용할 것인가, 아니면 하나님의 말씀에 의지하여 사는 데 사용할 것인가!

4:4. 예수께서 대답하신다. "사람이 떡으로만 사는 것이 아니요 여호와의 입에서 나오는 모든 말씀으로 사는 줄을 네가 알게 하려 하심이니라" (신명기 8:3).

예수께서 말씀하신 것은 배고픈 사람에게 먹을 것을 주지 말라는 것이 아니다. 배고픈 사람을 먹여주는 것은 하나님을 믿는 이들이 행해야 하는 한 가지에 불과하다. 그것보다 중요한 것은 하나님의 말씀으로 사는 것이다. 사람들은 하나님의 말씀에 철저하게 의지하는 믿음으로 살아야 한다.

➡ 생활 속으로

☼ 마귀가 나를 시험할 때 무엇을 제일 먼저 시험하리라고 생각하는가?

➡ 말씀 속으로 ⬅

4:5 이에 마귀가 예수를 거룩한 성으로 데려다가 성전 꼭대기에 세우고 6 이르되 네가 만일 하나님의 아들이어든 뛰어내리라 기록되었으되 그가 너를 위하여 그의 사자들을 명하시리니 그들이 손으로 너를 받들어 발이 돌에 부딪치지 않게 하리로다 하였느니라 7 예수께서 이르시되 또 기록되었으되 주 너의 하나님을 시험하지 말라 하였느니라 하시니.

5-7절은 예수님이 광야에서 받으신 두 번째 시험이다. 이것은 하나님께서 그의 아들을 보호하여 주실 것인가, 보호하여 주지 않으실 것인가에 대한 도전이다. "하나님의 아들"이면, "메시야"이면, 천사들이 그를 받들어 상하지 않게 할 것이라는 시험이다. 이러한 시험은 그 시험 자체가 하나님을 믿지 못하고 있다는 사실을 입증해 주고 있는 것이다.

두 번째 시험에서 마귀는 시편 91:11-12에 기록되어 있는 말씀을 묘하게 인용하여 예수님이 하나님의 아들되심을 흔들어 놓으려는 것이다.

4:7. 예수께서 대답하신다. "주 너의 하나님을 시험하지 말라". 하나님의 뜻만 따라 행하면 된다는 것이다.

━▶생활 속으로

☼ 예수님이 하나님의 아들이심을 확신시켜 주는 기적을 나에게 행하여 주시겠다고 말씀하신다면, 어떤 종류의 기적을 보기 원하는가?

☼ 사람들이 크리스천을 시험할 때 성경 말씀을 인용하여 시험할 때가 많다. 그럴 때 어떻게 응답하는가?

━▶말씀 속으로◀━

4:8 마귀가 또 그를 데리고 지극히 높은 산으로 가서 천하 만국과 그 영광을 보여 9 이르되 만일 내게 엎드려 경배하면 이 모든 것을 네게 주리라 10 이에 예수께서 말씀하시되 사탄아 물러가라 기록되었으되 주 너의 하나님께 경배하고 다만 그를 섬기라 하였느니라 11 이에 마귀는 예수를 떠나고 천사들이 나아와서 수종드니라.

8-11절은 예수님이 광야에서 받으신 세 번째 시험이다. 이 시험은 십계명의 첫째 계명인 "나 외에는 다른 신들을 네게 두지 말지니라"에 직접 도전하는 시험이다. 이것은 하나님의 아들이 하나님의 뜻과는 다른 세상과 타협을 할 것인가 아닌가를 시험해 보는 것이다. 이것은 또한 예수님으로 하여금 십자가를 피하도록 하는 시험이기도 하다.

4:10. 예수님은 대답하신다. "사탄아 물러가라 기록되었으되 주 너의 하나님께 경배하고 다만 그를 섬기라 하였느니라" (신명기 6:13).

하나님만 경배하고 하나님만 섬기는 길이 하나님의 아들이 할 일이다.

이 세 가지 시험은 우리가 하나님을 하나님으로 경배하지 못하고, 하나님을 하나님보다 못한 존재로 경배하게 될 때 받게 되는 시험들이다. 우리는 우리가 시험에서 이겨날 수 있도록 힘주시는 하나님을 믿지 못할 때가 있다 (돌로 떡을 만듦). 우리는 우리가 원하는 대로 일이 성취되지 않을 때, 하나님의 도움을 의심할 때가 있다 (성전에서 뛰어내림). 우리는 하나님만 예배하고 섬긴다는 것이 얼마나 어려운 일인지 잘 알고 있다 (만일 내게 엎드려 경배하면).

마태복음은 이 세 시험을 통하여 마귀가 예수님의 사역을 결정짓는 것이 아니라, 하나님의 아들로서 아버지에게 순종하는 예수님이 그의 사역을 결정지을 것이라는 것을 확실하게 알려 준다. 이러한 때만이 마귀가 우리 주변에서 물러나고 천사들이 나와서 수종들게 되어 있다.

➡ 생활 속으로

☼ 내가 세상과 쉽게 타협하는 것들은 무엇인가?

4:18-25
제자들을 부르시고 치유의 사역을 하시다

➡ 말씀 속으로 ⬅

4:18 갈릴리 해변에 다니시다가 두 형제 곧 베드로라 하는 시몬과 그의 형제 안드레가 바다에 그물 던지는 것을 보시니 그들은 어부라 19 말씀하시되 나를 따라오라 내가 너희를 사람을 낚는 어부가 되게 하리라 하시니 20 그들이 곧 그물을 버려 두고 예수를 따르니라 21 거기서 더 가시다가 다른 두 형제 곧 세베대의 아들 야고보와 그의 형제 요한이 그의 아버지 세베대와 함께 배에서 그물 깁는 것을 보시고 부르시니 22 그들이 곧 배와 아버지를 버려 두고 예수를 따르니라 23 예수께서 온 갈릴리에 두루 다니사 그들의 회당에서 가르치시며 천국 복음을 전파하시며 백성 중의 모든 병과 모든 약한 것을 고치시니 24 그의 소문이 온 수리아에 퍼진지라 사람들이 모든 앓는 자 곧 각종 병에 걸려서

고통 당하는 자, 귀신 들린 자, 간질하는 자, 중풍병자들을 데려 오니 그들을 고치시더라 25 갈릴리와 데가볼리와 예루살렘과 유대와 요단 강 건너편에서 수많은 무리가 따르니라.

예수님이 앞으로 하실 사역은 제자들을 불러 가르쳐 전도하게 하고, 병을 고치고, 귀신을 쫓게 하는 사역을 하게 하는 것이다.

예수님은 베드로라 하는 시몬과 안드레를 제일 먼저 제자로 부르신다. 이들은 어부들이었는데 형제 간이었다. 예수께서 제자들을 부르시는 부분은 그와 함께 할 제자들을 개인적으로 부르는 것이기도 하지만, 제자들을 부르는 것은 예수께서 직접 신앙의 공동체를 형성하는 것을 의미하기도 한다.

시몬과 안드레, 요한과 야고보, 이 네 사람은 전에 예수님을 만나본 적도 없고, 기적을 지켜본 적도 없고, 예수님으로부터 가르침을 받아본 적도 없다. 그리고 왜 그들이 예수님을 따라야 한다는 설명을 들어본 적도 없다. 그러나 그들은 자기들이 하던 일을 뒤로 하고 예수님을 따르기로 했다. 예수께서 인도하시는 길을 따르기만 하면 된다는 의미이다. 예수님으로부터 부름을 받은 이들은 세상을 뒤로 하고 예수님이 초청하는 새 세상으로 들어오면 된다.

또한 베드로, 안드레, 요한, 야고보는 평범한 어부들이었다. 이제 예수님은 이들로 하여금 사람을 낚는 특별한 어부로 변화시켜 주실 것이다. 이것이 예수님의 제자가 되는 특혜이다. 예수님은 가능성이 없어 보이는 사람들을 불러 가능성을 부여해 주시면서 소망의 사람들로 만들어 주신다.

23-25절은 예수께서 앞으로 행하실 사역을 잘 요약해 준다.

가르치시는 사역이다.

말씀을 전파하는 사역이다.

병자를 고쳐 주는 사역이다.

예수님은 제자들에게도 그가 하는 똑같은 사역을 위임해 주실 것이다.

마태복음 5-7장
산상수훈

━▶ 주요 메시지

팔복은 천국의 시민이 누리며 살아가는 축복으로 인해 따라오는 기쁨과 영적 안식을 말해 주는 것이다. 예수님과 함께 하는 삶은 천국을 얻는 삶, 위로를 받는 삶, 땅을 기업으로 받는 삶, 배부름을 경험하는 삶, 하나님을 보는 삶, 하나님의 자녀로 사는 삶이다. 그래서 복 받은 삶이다.

5:1-12—팔복

━▶ 말씀 속으로 ◀━

5:3 심령이 가난한 자는 복이 있나니 천국이 그들의 것임이요 4 애통하는 자는 복이 있나니 그들이 위로를 받을 것임이요 5 온유한 자는 복이 있나니 그들이 땅을 기업으로 받을 것임이요 6 의에 주리고 목마른 자는 복이 있나니 그들이 배부를 것임이요.

5:3. "심령이 가난한 자는" 누구일까?

헬라어로 가난한 자를 "프토쏙스" 혹은 "페네스"라고 하는데, 프토쏙스는 절망적으로 가난한 것을 뜻하고, "페네스"는 재물이 있으면서도 가난한 것을 뜻한다. 영어의 페니가 여기서 유래된 단어이다. 그래서 "심령이 가난한 자"는 물질적 빈곤만이 아니라, 자신이 영적으로 파탄되어 있음을 인정하는 사람이다. 이러한 사람은 자신의 소망, 자신의 목적, 자신의 미래를 좌우할 수 없다는 사실을 인정하고 하나님의 도움만을 의지하는 사람이다.

"복이 있나니"에서의 "복"은 "하나님이 기뻐하는 자," "다시없는 행복을 누리는 자"를 의미하는 특별한 단어이다. 인간이 누릴 수 있는 최대 수치의 행복을 말하는 단어이다.

"천국이 그들의 것임이요." 하나님을 의지하는 사람들은 지금 천국을 체험하며 살고 있고, 그리스도(메시야)의 통치와 그리스도가 주시는 복을 지금 체험하며 살아가고 있다는 뜻이다. 하나님이 그들을 버리지 않으셨기 때문이다.

5:4. "애통하는 자는" 누구일까?

애통하는 자는 위로의 손길을 기다리는 사람이다. 이 사람은 세상에 악이 존재하고 있다는 사실 자체를 마음 아파하고, 하나님의 말씀에 순종하지 못하는 스스로의 모습을 애통해 한다. 그리고 애통하는 자는 자신의 죄를 가슴에 사무치게 회개하는 사람이다. 이러한 사람은 위로를 받을 것이다.

5:5. "온유한 자는" 누구일까?

온유한 자는 이웃을 해치지 않는 사람이다. 온유한 자의 모습은 시편 37편이 잘 묘사하여 준다. "여호와를 의뢰하고 선을 행하"는 자 (37:3), "여호와를 기뻐하"는 자 (37:4), "길을 여호와께 맡기"는 자 (37:5), "여호와 앞에서 잠잠하고 참아 기다리"는 자 (37:7), "분을 그치고 노를 버리"는 자 (37:8), "온유한 자는 땅을 차지하며 풍부한 화평으로 즐기"는 자이다 (37:11).

"땅을 기업으로 받을 것임이요." 시편 37편과 같은 사람이야말로 약속의 땅에 들어갈 수 있게 되는 것이다 (신 4:1; 16:20). 또한 온유한 자는 땅 어디를 가든지 하나님과 함께 하는 승리의 삶을 경험할 수 있는 축복을 받은 사람이다.

5:6. "의에 주리고 목마른 자는" 누구인가?

하나님의 뜻이 인류 사회에 실현되지 않을 때 안타까워하는 사람이고, 하나님이 원하시는 것을 마음에서 우러나와 하는 사람이고, 하나님의 뜻을 적극적으로 실생활에서 이행하는 사람이다. 의에 주리고 목마른 자는 개인의 덕목보다는 사회정의 실현을 위해 일하는 사람이다. 그래서 이러한 사람은 내가 원하는 것만 하는 사람이 아니다. 이들은 하나님이 원하시는 것을 아는 사람들이다. 이들은 배부르게 될 것이다.

━▶생활 속으로

☼ 나의 주변 사람들 중에서 온유한 모습의 소유자는 누구일까? 왜 그렇게 생각하는가?
☼ 하나님을 전적으로 의지하지 못하도록 나를 유혹하고 방해하는 것들은 무엇인가?
☼ 하나님이 원하시는 것과 내가 원하는 것을 어떻게 구분할 수 있을까?
☼ 옆에 있는 이웃과 좋은 관계를 회복하기 위해 내가 희생할 수 있는 것은 무엇일까?

━▶말씀 속으로◀━

5:7 긍휼히 여기는 자는 복이 있나니 그들이 긍휼히 여김을 받을 것임이요 8 마음이 청결한 자는 복이 있나니 그들이 하나님을 볼 것임이요 9 화평하게 하는 자는 복이 있나니 그들이 하나님의 아들이라 일컬음을 받을 것임이요 10 의를 위하여 박해를 받은 자는 복이 있나니 천국이 그들의 것임이라 11 나로 말미암아 너희를 욕하고 박해하고 거짓으로 너희를 거슬러 모든 악한 말을 할 때에는 너희에게 복이 있나니 12 기뻐하고 즐거워하라 하늘에서 너희의 상이 큼이라 너희 전에 있던 선지자들도 이같이 박해하였느니라.

5:7. "긍휼히 여기는 자는" 누구일까?
"긍휼히 여기는 자"는 죄지은 자를 용서해 주고, 고통당하는 자들의 고통과 짐을 덜어주는 자이다. 긍휼히 여기는 자는 다른 사람의 무거운 짐을 덜어줄 뿐만 아니라, 사람의 마음을 기쁘게 해주는 자이다. 다시 말해, 상대의 고통을 내 고통으로 생각하고 느끼면서 그 고통을 덜어주는 것을 긍휼이라 할 수 있다. 하나님께서는 "자비로운 자[긍휼히 여기는 자]에게는 주의 자비로우심을 나타내"신다 (시편 18:25 상반절).
온유한 자가 우리도 죄인이라는 사실을 남에게 보여주는

사람이라면, 긍휼한 자는 그들도 죄인이기 때문에 사랑해 주는 사람이다. 긍휼한 자는 남을 기쁘게 해주고, 그들의 무거운 짐을 조금이나마 덜어주는 생활을 하는 사람이다. 그러면 하나님께서 우리를 긍휼히 여기어 주실 것이다.

"긍휼히 여김을 받을 것"은 남이 나를 긍휼히 여겨주는 것이 아니라 하나님으로부터 상으로 받는 것이다.

5:8. "마음이 청결한 자는" 누구일까?

"마음이 청결한 자"는 도덕적으로 순수하고, 이중적인 마음을 가지지 않는 사람이다. 마음은 사람의 됨됨이 자리잡고 있는 곳이다. 마음은 생각과 의지와 느낌과 결단이 자리잡고 있는 곳이다. 마음의 모습은 외향으로 나타나게 되어 있다. 그러므로 마음이 청결한 자의 말은 마음의 확신에서 우러나오는 말이다. 마음이 청결한 자의 행동은 마음의 결단과 일치되는 것이다. 이러한 사람은 "하나님을 볼 것"인데, 믿음 때문에 하나님을 볼 수 있고, 마음 속에는 어둠이 없기 때문에 하나님을 볼 수 있다.

━▶생활 속으로

☼ 금주에 예수님의 이름으로 이웃의 짐을 조금이나마 덜어줄 수 있는 긍휼을 베풀 기회는 없을까?

☼ 마음이 청결한 자는 이중적인 마음을 가지지 않은 사람을 뜻한다. 교회 안에서의 나의 모습과 세상 속에서의 나의 모습은 어떻게 나타나고 있는가? 그 간격을 어떻게 좁히려고 노력하고 있는가?

5:9. "화평하게 하는 자는" 누구인가?

"화평하게 하는 자"는 하나님의 창조질서가 건전하게 유지될 수 있도록 최선을 다하는 사람이다. 화평은 전쟁이나 문제가 없는 것만을 뜻하지 않는다. 화평은 사람의 최선의 것을 소망하는 것이다. 진리와 선을 사랑하고, 그것을 이루기 위해 시간과 물질을 드려 고난받는 사람들에게 하나님의 치유 손길을 소개해 주는 사람이다. 그러므로 화평하게 하는 자는 세상 사람들이 좀 더 좋은 곳에서 살기를 기원하고, 갈등 없이 살기를 기원하고, 사람과 사람 사이에 좋은 관계가 있기를 기원하는 사람이다. 그 사람은 하늘나라의 기업을 받을 사람이다.

5:10. "의를 위하여 박해를 받은 자는" 누구인가?

"의를 위하여 박해를 받은 자"는 가난한 자와 소외당하는 자와 사회로부터 버림받은 자와 억눌림을 받으며 고통 가운데 살고 있는 사람들을 하나님의 자녀로 회복시켜 주기 위하여 그리스도의 고난에 참여하기에 박해를 받는 자들이다. 의를 위하여 박해를 받는 자들은 벌써 하늘나라에서 살고 있는 사람들이다.

5:11-12. 그리스도를 위하여 박해를 받는 사람은 그리스도를 모방하는 삶을 살고 있는 사람이다. 박해를 받는다는 것은 그리스도에게 충성을 다하고 있음을 입증해 주는 것이다. 크리스천들이 기뻐할 수 있는 것은 하늘의 상이 크기 때문이다. 제자의 도는 그리스도의 고난에 신실하게 참여하는 것이다. 그러므로 크리스천은 때로 고난으로 초대받는다.

━▶생활 속으로

☼ 화평한 교회를 만들기 위해 내가 기여할 수 있는 것은 무엇이 있을까?

☼ 가정이 화평해지지 않으면 사회가 화평해질 수 없다는 이야기가 있다. 나는 우리 가정의 화평을 유지하기 위해 어떻게 노력하고 있는가?

☼ 주님의 일을 위하여 고난을 당해 본 경험이 있는가? 언제 무엇 때문이었는가?

☼ 의로운 생활을 살려고 할 때 나에게 걸림돌이 되는 것들은 무엇인가?

5:17-20
예언을 이루시는 예수님

━▶ 말씀 속으로 ◀━

5:17 내가 율법이나 선지자를 폐하러 온 줄로 생각하지 말라 폐하러 온 것이 아니요 완전하게 하려 함이라 18 진실로 너희에게 이르노니 천지가 없어지기 전에는 율법의 일점 일획도 결코 없어지지 아니하고 다 이루리라 19 그러므로 누구든지 이 계명 중의 지극히 작은 것 하나라도 버리고 또 그같이 사람을 가르치는 자는 천국에서 지극히 작다 일컬음을 받을 것이요 누구든지 이를 행하며 가르치는 자는 천국에서 크다 일컬음을 받으리라 20 내가 너희에게 이르노니 너희 의가 서기관과 바리새인보다 더 낫지 못하면 결코 천국에 들어가지 못하리라.

크리스천에게 믿음과 삶의 원칙을 제공해 주는 책은 성경책이다. 성경은 하나님의 구원의 역사를 증거해 주는 책이다. 예수님 당시 성경은 율법서(창세기, 출애굽기, 레위기, 민수기, 신명서)와 예언서(이사야부터 말라기까지)만 성경으로 되어 있었고, 성문서(욥기, 시편, 잠언, 전도서, 아가서 등)는 아직 구약성경에 속해 있지 않았다. 그러나 시편과 같은 책은 사람들에게 막대한 영향을 미치고 있었다. 성문서는 예수님이 돌아가신 후, 주후 90년에 가서야 성경에 포함되었다. 그래서 "내가 율법이나 선지자를 폐하러 온 줄로 생각하지 말라"는 예수님의 말씀은 성경을 폐하러 온 줄로 생각하지 말라는 뜻이다. 오히려 성경을 완전하게 하려고 오셨다. "완전하게 하려 함"은 1:22에서 "이 모든 일이 된 것은 주께서 선지자로 하신 말씀을 이루려 하심이니"와 같은 단어이다.

5:20. "의"는 하나님과의 관계이다.

━▶ 생활 속으로

☆ 구약성경 중에서 나에게 가장 의미를 많이 제공하여 주는 책은 어느 책인가? 왜 그렇게 생각하는가?

5:21-48
보다 나은 의

➡ 말씀 속으로 ⬅

5:21 옛 사람에게 말한 바 살인하지 말라 누구든지 살인하면 심판을 받게 되리라 하였다는 것을 너희가 들었으나 22 나는 너희에게 이르노니 형제에게 노하는 자마다 심판을 받게 되고 형제를 대하여 라가라 하는 자는 공회에 잡혀가게 되고 미련한 놈이라 하는 자는 지옥 불에 들어가게 되리라 23 그러므로 예물을 제단에 드리려다가 거기서 네 형제에게 원망들을 만한 일이 있는 것이 생각나거든 24 예물을 제단 앞에 두고 먼저 가서 형제와 화목하고 그 후에 와서 예물을 드리라 25 너를 고발하는 자와 함께 길에 있을 때에 급히 사화하라 그 고발하는 자가 너를 재판관에게 내어 주고 재판관이 옥리에게 내어 주어 옥에 가둘까 염려하라 26 진실로 네게 이르노니 네가 한 푼이라도 남김이 없이 다 갚기 전에는 결코 거기서 나오지 못하리라.

5:21. 십계명에서 "살인하지 말라"는 계명은 남의 생명을 존중해 주어야 하고, 하나님의 피조물을 거룩하게 대해 주어야 한다는 것이다 (출 20:13; 신 5:18). 구약에서 살인한 결과로 내려지는 심판은 "생명은 생명으로, 눈은 눈으로, 이는 이로, 손은 손으로, 발에는 발로"이다 (신 19:21). 그러나 예수님은 한 단계 더 높은 의를 22-26절에서 제시하신다.

"형제에게 노하는 자마다 심판을 받게 되고"(22절)는 동기도 결과에 못지 않게 중요하다는 뜻이다. 여기에 "노하다"로 사용된 헬라어는 "오르기제스다이"인데, 이것은 화가 오랫동안 머물러 있으면서 생각하면 할수록 더 화나게 하는 것을 의미한다.

예수님은 또한 "라가"라 하지 말고, "미련한 놈"이라 하지 말라 하신다. "라가"는 히브리인의 욕설이다. 구약에는 이것에 대한 가르침이 없다. 이것은 "얼빠진 멍청이야, 멍청한 놈아"라는 뜻이다. 남을 멸시하는 태도를 말하는 욕이다. 노하는 것은 폭행과 살인을 자아낸다. "미련한 놈"은 도덕적인 면에서 미련한 것, 즉, 부도덕한 삶을 사는 것을 의미한다. 살인을 하지 않는 것도 중요하지만, 마음 속으로 남을 미워하지 않는 것도 중요하다.

"심판"은 하나님의 질서가 파괴된 것을 하나님께서 질서를 올바르게 잡아 놓는 것을 의미한다.

➡️생활 속으로

☼ 요즈음 나를 화나게 만드는 것들은 무엇들인가? 화가 날 때마다 그 화를 어떻게 소화시키고 있는가?

5:38-42
보다 나은 의: 개인의 상처와 희생

➡️말씀 속으로⬅️

5:38 또 눈은 눈으로, 이는 이로 갚으리라 하였다는 것을 너희가 들었으나 39 나는 너희에게 이르노니 악한 자를 대적하지 말라 누구든지 네 오른편 뺨을 치거든 왼편도 돌려 대며 40 또 너를 고발하여 속옷을 가지고자 하는 자에게 겉옷까지도 가지게 하며 41 또 누구든지 너로 억지로 오 리를 가게 하거든 그 사람과 십 리를 동행하고 42 네게 구하는 자에게 주며 네게 꾸고자 하는 자에게 거절하지 말라.

사랑은 보복하지 않는다. 구약의 동해복수법(렉스 텔리오니스 lex telionis, 피해자가 받은 똑같은 해악을 가해자에게 형벌로 내리는 법, 레 24장)은 사회 질서를 지키기 위하여 있던 법이다. 개인적으로 복수하려는 것을 방지하기 위한 법이다.

그러나 예수님의 보다 나은 의는 악한 자를 "대적하지" 않고, 오른편 뺨을 치거든 왼편도 돌려 대며, 속옷을 달라 하면, 겉옷까지도 주고, 오 리를 가자고 하면 십 리를 동행하는 것이다. 하나님이 원하시는 것은 다른 사람의 필요에 응하는 것이지, 자신의 권리만 주장하는 것이 아니다.

━▶ 생활 속으로

☆ 지나간 2천년 동안의 기독교 역사를 보면 남보다 한 가지 더 희생하고 봉사하면서 교회를 사랑하고 이웃을 사랑하는 사람들 때문에 교회가 유지되어 왔다. 우리 교회에 이러한 사람들이 있다면 누구일까?

☆ 인간의 본성을 초월하는 사랑의 힘을 어떻게 하면 마음에 담고 생활할 수 있도록 훈련을 받을 수 있을까?

☆ 믿음이 좋다고 자처하는 사람까지도 자기가 싫어하는 사람과 상종하기 싫어하고 미워하게 되는 이유는 무엇 때문일까? 그래도 괜찮은 것인가?

5:43-48
보다 나은 의: 원수를 사랑하라

━▶ 말씀 속으로 ◀━

5:43 또 네 이웃을 사랑하고 네 원수를 미워하라 하였다는 것을 너희가 들었으나 44 나는 너희에게 이르노니 너희 원수를 사랑하며 너희를 박해하는 자를 위하여 기도하라 45 이같이 한즉 하늘에 계신 너희 아버지의 아들이 되리니 이는 하나님이 그를 악인과 선인에게 비추시며 비를 의로운 자와 불의한 자에게 내려 주심이라 46 너희가 너희를 사랑하는 자를 사랑하면 무슨 상이 있으리요 세리도 이같이 아니하느냐 47 또 너희가 너희 형제에게만 문안하면 남보다 더하는 것이 무엇이냐 이방인들도 이같이 아니하느냐 48 그러므로 하늘에 계신 너희 아버지의 온전하심과 같이 너희도 온전하라.

예수님은 21-26절에서 노하지 말라고 하셨다. 38-42절에 복수하지 말라고 하셨다. 지금 이 부분에 와서는 원수를 사랑하며 박해하는 자를 위하여 기도하라고 하신다. 이러한 요구는 다른 사람을 보거나 대할 때, 나의 시각으로 보지 말고 하나님의 시각으로 보라는 뜻이다. 하나님의 도움 없이는 이런 것들을 실천하기가 불가능한 것이다.

5:43. 구약성경에는 원수를 미워하라는 계명은 없지만, 대신에 "네 이웃을 네 몸과 같이 사랑하라"는 계명은 있다 (레 19:18).

그러나 예수님 당시 광야에서 은둔생활을 하던 쿰란 공동체의 문서들 가운데에는 공동체 안에 있는 사람들을 사랑하고 공동체 밖에 있는 사람들을 미워하라는 가르침들이 많이 있었다. 그 이유는 쿰란 공동체 사람들은 부패한 지도자들과 악한 세상을 등지고 광야에 들어가 은둔생활을 하고 있었기 때문에 공동체 밖에 있는 사람들은 자신들을 해치는 사람들로 여겼기 때문에 미워할 수밖에 없었다.

그러나 예수님은 원수를 사랑하며 너희를 박해하는 자를 위하여 기도하라고 하신다. 우리는 하나님의 자녀들이기 때문에 하나님이 원하시는 것을 행하여 하는 사람들이다. 하나님은 하나님의 자녀들이 실행하기 불가능한 것을 계명으로 주지 않으신다.

그러므로 하늘에 계신 아버지의 온전하심과 같이 너희도 온전하라고 하신다. 이것은 철두철미하게 순종과 헌신이 따르는 삶, 거룩함에 이르게 하는 믿음의 열매를 맺는 삶을 살라고 하는 것이다. 온전은 율법과 예언을 성취하는 것에서 생긴다. 우리의 사명은 하늘에 계신 하나님의 사랑을 세상에 증거하는 것이다.

━━▶생활 속으로

☼ 한때는 미움의 대상이었는데, 지금은 사랑의 대상이 된 사례가 있다면 어떻게 했는지 서로 경험을 나누어 보자.

☼ 이웃에서나, 설교와 책을 통하여 원수를 사랑한 사람에 대하여 듣고 읽은 내용을 서로 나누어 보자.

☼ 크리스천으로서 식구들 간에, 친구들 간에 심한 갈등 관계에서 생활하고 있는 사람들에게 예수님은 무엇을 어떻게 하라고 요구하실까?

마태복음 6장
경건생활을 위한 훈련

➡ 주요 메시지

유대인들에게 구제와 기도와 금식은 하나님의 백성으로 선택받은 백성이 경건생활을 하는 데 있어서 꼭 실천해야 할 임무이다.

6:1-4—구제

➡ 말씀 속으로 ◀

6:1 사람에게 보이려고 그들 앞에서 너희 의를 행하지 않도록 주의하라 그리하지 아니하면 하늘에 계신 너희 아버지께 상을 받지 못하느니라 2 그러므로 구제할 때에 외식하는 자가 사람에게서 하는 것 같이 너희 앞에 나팔을 불지 말라 진실로 너희에게 이르노니 그들은 자기 상을 이미 받았느니라 3 너는 구제할 때에 오른손이 하는 것을 왼손이 모르게 하여 4 네 구제함을 은밀하게 하라 은밀한 중에 보시는 너의 아버께서 갚으시리라.

"구제"는 어려운 형편이나 불행한 처지에 있는 사람을 도와주는 행위이다. 유대인들은 구제하는 것과 의를 행하는 것을 똑같은 차원에서 취급하였으며, 경건생활을 위해 꼭 실천해야 하는 것 중에 하나로 생각했다. 그리고 구제하는 일은 하나님의 마음이 담긴 행위로 생각했고 또한 하나님 앞에서 공로를 쌓는 일로 생각했다. 오랜 전통 가운데 살아온 유대인들은 오늘날도 세계 어디에서나 구제를 많이 하는 사람들로 알려져 있다.

그러나 예수님은 "외식하는 자"처럼 구제하지 말라고 하신다. 사람에게 보이려고 구제하지 말라는 뜻이다. 예수님은 옳은 일이라도 사람에게 보이려고 하지 말고 오른손이 하는 것을 왼손이 모르게 은밀하게 하라고 하신다. 은밀하게 해도 하나님께서 상으로 갚아주신다는 것이다. 구제는 하나님의 마음이 담긴 동기가 중요한 것이다.

━▶생활 속으로
☼ 나는 자녀에게 구제하는 정신을 어떻게 심어주고 있는가?
☼ 금주에 무명으로 $10-20을 구세군이나 홈레스 기관이나 암 연구소에 송금할 의향은 없는가? 또는 홈레스들에게 식사를 제공하는 곳에 가서 자원봉사할 의향은 없는가?

6:5-8—기도

━▶말씀 속으로◀━

6:5 또 너희는 기도할 때에 외식하는 자와 같이 하지 말라 그들은 사람에게 보이려고 회당과 큰 거리 어귀에 서서 기도하기를 좋아하느니라 내가 진실로 너희에게 이르노니 그들은 자기 상을 이미 받았느니라 6 너는 기도할 때에 네 골방에 들어가 문을 닫고 은밀한 중에 계신 네 아버지께 기도하라 은밀한 중에 보시는 네 아버지께서 갚으시리라 7 또 기도할 때에 이방인과 같이 중언부언하지 말라 그들은 말을 많이 하여야 들으실 줄 생각하느니라 8 그러므로 그들을 본받지 말라 구하기 전에 너희에게 있어야 할 것을 하나님 너희 아버지께서 아시느니라.

예수님 당시 유대인들은 오전 아홉 시, 정오, 그리고 세 시, 이렇게 하루에 세 번씩 정규적으로 기도했다. 기도는 우리가 하나님과 대화하는 것이며, 기도는 하나님과 결속되어 있다는 것을 입증하여 주는 것이며, 기도는 하나님 안에 살아 있다는 증거이다.

우리가 기도하는 하나님은 우리의 의중을 이해하시는 분이시며, 사랑으로 답해 주는 분이시다. 우리는 기도할 때 하나님의 임재를 확신할 수 있고, 하나님의 사랑을 체험할 수 있다. 하나님의 존재를 의심하는 사람은 기도할 수 없다. 그러므로 기도는 하나님을 만나보고 싶은 마음으로 해야 한다. 기도는 하나님의 음성을 듣고 싶은 마음으로 해야 한다. 기도는 응답의 확신을 가지고 해야 한다.

➡️ 말씀 속으로 ⬅️

6:9 그러므로 너희는 이렇게 기도하라 하늘에 계신 우리 아버지여 이름이 거룩히 여김을 받으시오며 10 나라가 임하시오며 뜻이 하늘에서 이루어진 것 같이 땅에서도 이루어지이다 11 오늘 우리에게 일용할 양식을 주시옵고 12 우리가 우리에게 죄 지은 자를 사하여 준 것 같이 우리 죄를 사하여 주시옵고 13 우리를 시험에 들게 하지 마시옵고 다만 악에서 구하시옵소서 (나라와 권세와 영광이 아버지께 영원히 있사옵나이다 아멘).

그러면 어떻게 기도해야 하는가?
예수님은 우리에게 기도의 내용과 기도하는 방법을 가르쳐 주신다. 우리에게는 그 기도가 일반적으로 "주님의 기도"로 알려져 있다. 주님의 기도는 기도할 때마다 하늘과 땅이 연결되는 것을 가르쳐 주는 기도이고, 두 그룹으로 나뉘어 있다. 첫째 그룹에는 하나님의 거룩한 이름, 하나님의 나라, 하나님의 뜻이 담긴 기도이고, 둘째 그룹에는 인간이 필요로 하는 것: 일용한 양식, 용서, 시험, 악에서의 구원이 담겨 있는 기도이다.

6:9. 우리는 기도할 때 누구에게 기도해야 하는가?
"하늘에 계신 우리 아버지"에게 기도해야 한다. 하늘에 계신 우리 아버지를 어떻게 믿고, 어떻게 부르느냐에 따라 기도하는 자와 하나님과의 관계가 나타난다. 세상의 아버지와 자녀는 천연의 관계를 맺고 있는 사람들이다. 믿는 사람들의 모든 것을 알고 계시는 하늘에 계신 아버지도 그를 믿는 모든 사람과 천연의 관계에 있다는 확신을 가지고 가장 가까운 아버지께 말하듯 하나님께 기도해야 한다.

"이름이 거룩히 여김을 받으시오며"에서의 "이름"은 하나님의 본성, 인격, 성격을 의미하는 것이다. 하나님의 본성은 존재 자체가 거룩하신 분이시다. 거룩하신 분이란 우리와 다른 분이라는 뜻이다. 하나님의 독특한 존재의 범주를 우리가 침해할 수 없다. 그래서 우리는 우리와 다른 거룩하신 하나님께 기도하고 있다.

6:10. "나라"는 하늘나라를 뜻한다. 하늘나라가 임하는 것은 하나님의 목적이 모든 창조 세계 속에서 실현됨을 뜻하는 것이다. 이것은 세상에서 하나님께서 구원하시는 내용을 보여 달라는 간구이다. 세상에 오셔서 노예생활을 하고 있는 우리를 구원해 달라는 간구이고, 난폭하게 우리를 다루고 있는 무거운 짐에서 벗어나게 해 달라는 기도이다.

"뜻이 하늘에서 이루어진 것 같이 땅에서도 이루어지"는 것은 하나님의 평화의 통치를 기대하는 기도이다. 평화의 통치는 하늘과 땅이 연합될 때 이루어진다. 하나님의 뜻은 "선하시고 기뻐하시고 온전한 것"인데, 하나님의 뜻은 하늘에서 이루어진 것 같이 땅에서도 이루어지는 것이다. 하나님의 뜻은 오늘 지금도 이루어지는 것이다. 이렇게 하늘과 땅이 연결될 때에, 우리는 우리가 필요한 일용할 양식을 하나님께 기도한다.

6:11. 우리는 하나님께 기도할 때, 추상적인 것보다는 구체적인 것을 간구해야 한다.

하나님은 우리에게 있어야 할 것을 구하기 전에 다 아시는 분이시지만, 우리는 하나님께 우리가 필요한 것을 구체적으로 구해야 한다. 그러나 양식은 육체를 충족시켜 주기 위한 필요한 것으로 기도하라는 것이지, 우리의 욕심을 충족시키기 위해 기도하라는 것이 아니다. 일용할 양식을 달라고 하는 것은 우리의 생명이 하나님의 손에 달려있다는 사실을 인정하는 기도이다. 일용한 양식은 일상생활을 위한 필수품임을 인정하는 것이다.

6:12. "죄"는 원래 목표에서 빗나가는 것을 의미한다. 죄는 하나님께서 창조해 주신 의도에서 빗나가는 것을 의미한다. 그러나 주님의 기도에서 언급하는 죄는 전통적인 죄(하마르티아) 개념보다는 갚아야 할 돈을 갚지 않는 죄를 말한다 (헬라어로 오훼레마). 무엇을 의미하는가? 책임을 다하지 못하는 것을 의미한다. 우리에게 책임을 다하지 못한 사람을

용서해 주지 못하는 사람이 어떻게 우리가 하나님께 빚진 것을 용서해 달라고 간구할 수 있겠는가! 하나님 앞에 나오는 사람들은 하나님이 원하시는 모든 것을 행하지 못한 죄인이라는 사실을 인정하고 하나님께 용서해 달라는 기도를 할 수밖에 없다. 용서는 내가 언제 어떻게 용서를 받았느냐가 중요한 것이 아니라, 지금 하나님으로부터 용서받으며 생활을 하고 있으며, 용서받은 몸으로 남을 어떻게 용서하며 섬기고 있느냐가 중요한 것이다.

6:13. "시험에 들게 하지 마시옵고"는 유혹이 많은 어려운 세상에서 실패하지 않도록 보호해 달라는 의미이다. 이것은 우리가 일상생활에서 유혹당할 때, 유혹을 극복할 수 있는 지혜와 힘을 달라고 간구하는 기도이다. 주님의 기도는 하나님이 우리를 시험하느냐 안 하시느냐가 이슈가 아니다. 주님의 기도는 이 어려운 세상에 살고 있는 우리가 하나님의 뜻과 사명을 성취해 가며 사는 동안 시험에 빠지지 않도록 도와달라는 기도이다.

"(나라와 권세와 영광이 아버지께 영원히 있사옵나이다 아멘)" 부분에 괄호를 치는 이유는 오래된 사본에 기록되어 있지 않고 후대 사본에만 나타나기 때문이다.

하나님이 다스리시는 하늘나라는 시간과 공간과 마음을 포함하여 아버지의 뜻이 이루어진 모든 영역을 말한다. 그곳은 서로 허물을 용서하고 용납하고 존중하며 물질을 나눈다. 내가 혼자만 영광받고 싶은 유혹을 물리치고 오직 아버지께만 영광을 돌린다.

▶ 생활 속으로

☼ 요즈음 기도하는 기도제목은 무엇인가?
☼ 기도 후 확실하게 응답받은 것은 무엇인가?
☼ 하늘의 뜻 하나가 오늘 나에게 이루어지기를 바라는 것은 무엇인가?

━▶말씀 속으로◀━

6:14 너희가 사람의 잘못을 용서하면 너희 하늘 아버지께서도 너희 잘못을 용서하시려니와 15 너희가 사람의 잘못을 용서하지 아니하면 너희 아버지께서도 너희 잘못을 용서하지 아니하시리라.

우리가 형제들을 용서해야 하는 이유는 우리가 먼저 하나님께 용서를 받았기 때문이다. 우리가 그렇게 용서를 받았기에 마땅히 우리도 형제의 잘못을 용서해야 한다는 것이다. 우리가 이것을 망각하고 자신의 이익을 위하여 형제의 잘못을 용서하지 아니하면 하나님께서도 용서하지 아니하신다.

━▶생활 속으로◀━

☼ 부부가 서로 싸운 다음 모든 것을 다 용서해 주었다고 말하면서도 다음 번에 다시 싸울 때 먼저 용서해 준 것이 다시 괴롭히는 이유는 무엇 때문일까?

☼ 일반적으로 말할 때 주님의 기도와 사도신경은 기독교의 가장 기본되는 가르침을 가르쳐 준다고 한다. 어떤 면에서 이것들이 기본 가르침이 될까?

6:16-18—금식

━▶말씀 속으로◀━

6:16 금식할 때에 너희는 외식하는 자들과 같이 슬픈 기색을 보이지 말라 그들은 금식하는 것을 사람에게 보이려고 얼굴을 흉하게 하느니라 내가 진실로 너희에게 이르노니 그들은 자기 상을 이미 받았느니라 17 너는 금식할 때에 머리에 기름을 바르고 얼굴을 씻으라 18 이는 금식하는 자로 사람에게 보이지 않고 오직 은밀한 중에 계신 네 아버지께 보이게 하려 함이라 은밀한 중에 보시는 네 아버지께서 갚으시리라.

예수님 당시 바리새인들은 일 주에 두 번씩 월요일과 목요일 정규적으로 금식기도를 했다. 예수님은 남에게 보이려고 금식하지 말고 하나님께 보이려고 기도하라고 하신다. 우리가 일반기도를 하든, 금식기도를 하든, 감사기도를 하든 다 하나님께 하는 것이지 사람들이 보고 들으라고 하는 것이 아니다.

우리가 금식하는 목적은 무엇인가?

금식은 죄를 회개하고, 참회하는 기도이다. 자기훈련을 위하여 하는 기도이다. 금식은 하나님의 축복을 간구하는 기도이다. 금식은 헌신한다는 증거이다. 금식은 행동으로 보여주는 기도이다. 금식기도는 하나님을 만나기 원하고 하나님의 정의를 바라며 하는 기도이다.

6:24-34
타협할 수 없는 신뢰

━━▶ 말씀 속으로 ◀━━

6:24 한 사람이 두 주인을 섬기지 못할 것이니 혹 이를 미워하고 저를 사랑하거나 혹 이를 중히 여기고 저를 경히 여김이라 너희가 하나님과 재물을 겸하여 섬기지 못하느니라 25 그러므로 내가 너희에게 이르노니 목숨을 위하여 무엇을 먹을까 무엇을 마실까 몸을 위하여 무엇을 입을까 염려하지 말라 목숨이 음식보다 중하지 아니하며 몸이 의복보다 중하지 아니하냐 26 공중의 새를 보라 심지도 않고 거두지도 않고 창고에 모아들이지도 아니하되 너희 하늘 아버지께서 기르시나니 너희는 이것들보다 귀하지 아니하냐 27 너희 중에 누가 염려함으로 그 키를 한 자라도 더할 수 있겠느냐 28 또 너희가 어찌 의복을 위하여 염려하느냐 들의 백합화가 어떻게 자라는가 생각하여 보라 수고도 아니하고 길쌈도 아니하느니라 29 그러나 내가 너희에게 말하노니 솔로몬의 모든 영광으로도 입은 것이 이 꽃 하나만 같지 못하였느니라 30 오늘 있다가 내일 아궁이에 던져지는 들풀도 하나님이 이렇게 입히시거든 하물며 너희일까보냐 믿음이 작은 자들아 31 그러므로 염려하여 이르기를 무엇을 먹을까 무엇을 마실까 무엇을 입을까 하지 말라 32 이는 다 이방인들이 구하는 것이라 너희 하늘 아버지께서 이 모든 것이 너희에게 있어야 할 줄을 아시느니라 33 그런즉 너희는 먼저 그의 나라와 그의 의를 구하라 그리하면 이 모든 것을 너희에게 더하시리라 34 그러므로 내일 일을 위하여 염려하지 말라 내일 일은 내일이 염려할 것이요 한 날의 괴로움은 그 날로 족하니라.

하나님은 인간에게 삶의 도구로 재물을 주신 것이지 인간이 재물을 섬기라고 주신 것이 아니다. 그래서 예수님은 한 사람이 두 주인을 섬길 수 없다고 말씀하시는 것이다.

예수님의 말씀은 인간이 무엇을 먹고, 무엇을 마시고, 무엇을 입을까의 이슈를 초월할 수 있다는 의미가 아니다. 예수님은 하나님이 섭리하시는 세상과 우리가 생활하고 있는 세상을 자세히 비교해 보라고 말씀하신다. 공중의 새도, 들의 백합화도 하나님께서 보살펴 주시는데, 인간이라고 하나님께서 보살펴 주시지 않겠느냐는 뜻에서 강조하시는 것이다. 하나님의 섭리를 신뢰하는 사람은 오늘 씨를 뿌리고, 거두고, 창고에 모아두고, 길쌈해야 하는 것을 알지만, 그의 삶이 이러한 것들에 의존되어 있지 않다는 것을 아는 사람이다. 하나님을 신뢰하는 사람들은 내일도 하나님이 우리와 함께 하시리라는 것을 알고 있다.

"이를 미워하고 저를 사랑하거나"는 선택하고 선택하지 않는 것을 의미한다.

"너희는 먼저 그의 나라와 그의 의를 구하라." 크리스천은 세상적인 추구를 하나님의 나라와 그의 의로 대치해야 한다. 여기서 "의"라고 하는 것은 하나님의 뜻에 절대적으로 순종하면 하나님과 관계를 맺는 삶이다.

"내일 일은 내일 염려할 것이요." 오늘의 은혜는 오늘 족한 것이지 내일을 위하여 허비할 수 없다. 만약 내일 괴로움이 생기면 내일을 위한 은혜를 하나님께서 내려주실 것이다.

➡️ **생활 속으로**

☼ 예수님은 하나님과 관계 맺는 것을 우선적으로 생각하라고 하신다. 하나님과 관계를 올바르게 맺으려면 삶의 우선순위가 어떻게 설정되어야 할까?

☼ 하나님은 내일의 문제는 내일 해결할 수 있는 은혜를 주신다. 우리는 왜 미리 앞당겨 염려를 하게 될까?

마태복음 7장
제자가 되어 가는 표시

━▶ 주요 메시지

제자는 비판하지 않는사람이다. 제자는 구하고, 찾고, 두드리는 사람이다. 제자는 좁은 문으로 들어가는 사람이다. 제자는 남에게 대접을 받고자 하는 대로 남을 대접하는 사람이다.

7:1-6—제자의 표시
#1: 남을 비판하지 말라

━▶ 말씀 속으로 ◀━

7:1 비판을 받지 아니하려거든 비판하지 말라 2 너희가 비판하는 그 비판으로 너희가 비판을 받을 것이요 너희가 헤아리는 그 헤아림으로 너희가 헤아림을 받을 것이니라 3 어찌하여 형제의 눈 속에 있는 티는 보고 네 눈 속에 있는 들보는 깨닫지 못하느냐 4 보라 네 눈 속에 들보가 있는데 어찌하여 형제에게 말하기를 나로 네 눈 속에 있는 티를 빼게 하라 하겠느냐 5 외식하는 자여 먼저 네 눈 속에서 들보를 빼어라 그 후에야 밝히 보고 형제의 눈 속에서 티를 빼리라 6 거룩한 것을 개에게 주지 말며 너희 진주를 돼지 앞에 던지지 말라 그들이 그것을 발로 밟고 돌이켜 너희를 찢어 상하게 할까 염려하라.

"비판하지 말라"는 학생이 책을 읽은 후 그 책에 대하여 비판하지 말라는 뜻이 아니고, 선생이 학생의 답안지를 채점하지 말라는 뜻이 아니다. 여기서의 비판은 트집만 잡으려고 하는 위선적인 비판을 말한다. 기회만 생기면 트집잡는 사람은 풍부한 삶을 살 수 없기 때문이다. 남의 트집만 잡으려고 하는 대신에 예수님은 네 눈 속에 있는 들보를 먼저 보라고 하신다. 남을 변화시키려고 하기 전에 나 스스로가 성장할 수 있는 길에 먼저 참여하라고 하신다. 남의 잘못은 보이면서 나 자신의 잘못이 보이지 않으면 그것이 문제가 된다는 것이다.

6절에서 말하는 "개"(kuōn)는 야생동물, 더러운 동물, 사람에게 경멸받는 동물이다. 늑대와 같이 다른 동물을 찢어 먹는 개를 말한다 (왕상 14:11; 21:19). 그러나 15:26에 가나안 여자 이야기에 나오는 개는 애완용 개(kunarion)이다. "돼지"는 깨끗하지 못하고 사람을 해치는 동물로 생각했는데, 여기서 개와 돼지는 복음을 거부하는 사람들을 상징하고, 하나님을 믿지 않는 사람을 뜻한다. 그러므로 자명한 이치는 거룩한 것을 더럽히지 말라는 것이다.

➡생활 속으로

☼ 나에게도 똑같은 결함이 있으면서도 남의 결함이 보이면 참지 못하는 이유는 무엇 때문이라고 생각하는가?

7:7-11—제자의 표시
#2: 구하고, 찾고, 문을 두드리는 삶

➡말씀 속으로⬅

7:7 구하라 그리하면 너희에게 주실 것이요 찾으라 그리하면 찾아낼 것이요 문을 두드리라 그리하면 너희에게 열릴 것이니 8 구하는 이마다 받을 것이요 찾는 이는 찾아낼 것이요 두드리는 이에게는 열릴 것이니라 9 너희 중에 누가 아들이 떡을 달라 하는데 돌을 주며 10 생선을 달라 하는데 뱀을 줄 사람이 있겠느냐 11 너희가 악한 자라도 좋은 것으로 자식에게 줄 줄 알거든 하물며 하늘에 계신 너희 아버지께서 구하는 자에게 좋은 것으로 주시지 않겠느냐.

산상수훈에서 보복하는 삶을 삼가고, 원수를 사랑하고, 우리를 해치려는 사람들을 용서해 주고, 의를 구하고, 남을 비판하지 말라고 했다. 어떻게 이 어려운 가르침을 실행에 옮길 수 있단 말인가? 하나님의 도움으로는 가능하다. "사람으로는 할 수 없으나 하나님으로는 다 하실 수 있"다 (19:26). 그러므로 하나님께 계속 구하고, 찾고, 두드리면 된다.

헬라어에는 두 종류의 명령형이 있다. 하나는 꼭 해야만 하는 명령형이 있고, 또 다른 하나는 항상 무엇을 꾸준히 해야 한다는 명령형이 있다. 구하고, 찾고, 두드리는 기도는 항상 꾸준히 해야 하는 기도이다.

"구하라"(ask)는 하나님과 정규적으로 대화하는 기도를 의미한다. "찾으라"(seek)는 우리가 필요로 하는 것을 하나님께 구하는 것이다. "두드리라"(knock)는 하나님의 은혜를 구하는 것이다. 은혜는 하나님이 거져 주시는 선물이다. 하나님이 도와주시지 않으면 불가능하다.

➡️ 생활 속으로
☼ 나는 구하고, 찾고, 문 두드리는 것으로 하나님께 간구하는 생활을 어떻게 하고 있는가?

7:12—제자의 표시
#3: 황금률

➡️ 말씀 속으로 ◀—

7:12 그러므로 무엇이든지 남에게 대접을 받고자 하는 대로 너희도 남을 대접하라 이것이 율법이요 선지자니라.

사실 황금률은 너무나 잘 알려진 구절이기에 우리가 독립적으로 사용하는 경향이 있으나, 이것은 "하늘에 계신 너희 아버지께서 구하는 자에게 좋은 것으로 주시지 않겠느냐"라는 구절과 연결하여 사용하여야 황금률의 참 힘을 체험할 수 있다. 다시 말해, 이 황금률의 배경은 "너의 아버지의 자비하심 같이 너희도 자비하라"는 것이다 (눅 6:36). 크리스천의 행위는 자신의 이익에 근거되어 있는 것이 아니고, 하나님의 은혜 때문에 흘러나오는 행위가 되어야 한다. 특히 자비와 온유와 평화가 지배하는 세상에서 살아야 한다.

7:24-29—제자의 표시
#4: 반석 위에 집을 짓는 사람

➡️ 말씀 속으로 ⬅️

7:24 그러므로 누구든지 나의 이 말을 듣고 행하는 자는 그 집을 반석 위에 지은 지혜로운 사람 같으리니 25 비가 내리고 창수가 나고 바람이 불어 그 집에 부딪치되 무너지지 아니하나니 이는 주추를 반석 위에 놓은 까닭이요 26 나의 이 말을 듣고 행하지 아니하는 자는 그 집을 모래 위에 지은 어리석은 사람 같으리니 27 비가 내리고 창수가 나고 바람이 불어 그 집에 부딪치매 무너져 그 무너짐이 심하니라 28 예수께서 이 말씀을 마치시매 무리들이 그의 가르치심에 놀라니 29 이는 그 가르치시는 것이 권위 있는 자와 같고 그들의 서기관들과 같지 아니함일러라.

예수님은 공생애를 시작하기 전 나사렛에서 목수 일을 하셨다. 그래서 예수님은 산상수훈 결론 부분에서 그가 평소에 하셨던 목수 일을 예로 들어 결론적으로 말씀을 듣고 행하는 자와 말씀을 듣고도 행하지 못하는 자에 대하여 말씀해 주신다.

한 사람은 지혜롭게 반석 위에 집을 짓고, 또 다른 한 사람은 어리석게 모래 위에 집을 짓는다. 지혜롭게 짓는 집과 어리석게 짓는 집이 이슈이다. 예수님은 집을 짓고 있는 이 두 사람을 가리켜, 한 사람은 옳게 집을 짓고, 다른 사람은 옳지 않게 집을 짓고 있다고 말씀하시지 않으셨다. 왜냐하면 인생의 집이나 신앙의 집을 짓는 데 있어서 지혜롭게 집을 짓든 어리석게 집을 짓든 사람들은 자신이 살 집을 짓고 있기 때문이다. 집은 집을 짓는 것 자체에서 끝나는 것이 아니다. 인생의 집이건 신앙의 집이건 우리는 우리가 지은 집과 관련을 맺고 살아가야 한다는 것이 이슈이다.

우선 우리가 지은 집은 지혜롭게 짓든, 어리석게 짓든 창수가 나고 바람에 부딪치게 되어 있다. 반석 위에 지어진 집도 창수가 나고 바람에 부딪치고, 모래 위에 지은 집도 똑같이 창수가 나고 바람에 부딪치게 되어 있다. 큰 차이가 있다면, 하나는 창수가 나고 바람이 불어도 무너지지 않고, 다른 집은 무너짐이 심한 데 있다. 반석 위에 지어진 집은 창수와 바람이 부딪치지 않는다고 하면 얼마나 멋진 결론이 되겠는가!

말씀을 듣고 행하는 자는 지혜롭게 집을 짓는 사람이다. 말씀의 능력이 행함으로 나타나기 때문이다. 이 사람에게는 어려움이 닥쳐와도 믿음은 흔들리지 않는다. 말씀을 듣고도 행하지 않는 자는 어리석게 집을 짓는 자이다. 말씀의 능력이 행함에 영향을 미치지 못하기 때문이다. 그는 조그마한 어려움이 닥쳐와도 흔들리고 무너지게 되어 있다. 그리고 우리가 지은 집이 지혜롭게 지었든 어리석게 지었든 그 집 안에서 우리 스스로가 살아가야 한다. 인생의 집과 신앙의 집이란 내가 짓는 것이지 남이 지어주는 것이 아니다.

산상수훈은 제자로서의 마음의 자세를 강조한다. 살인하지 않으려고, 혹은 간음하지 않으려고 억제하는 것만으로는 충분하지 않다. 종교적인 행사로 기도하는 것만으로는 충분하지 않다. 중요한 것은 하나님을 향한 우리의 마음이다. 우리가 그렇게 행동할 수밖에 없는 이유가 중요한 것이다.

━▶ 생활 속으로

☼ 생각 하나, 말 한 마디, 한 행동으로 우리는 인생의 집을 지어가고 있다. 나는 지금 어떤 인생의 집을 지어가고 있다고 생각하는가? 금주에는 좋은 생각과 착한 말만 하면서 지혜로운 인생의 집을 지으려고 노력해 보자.

☼ 성경 한 구절, 설교 한 편, 한 번의 기도로 우리는 신앙의 집을 지어가고 있다. 나는 어떤 신앙의 집을 지어가고 있다고 생각하는가? 금주에는 설교에서 들은 메시지로 신앙의 집을 지으려고 노력해 보자.

☼ 나는 믿음의 열매를 맺고 있는가? 내가 맺은 열매를 보고 사람들이 내가 크리스천임을 알 수 있을까?

마태복음 8-9장
권능으로 보여주시는 예수님

신약성경에서 기적 사건들을 대할 때, 우리는 두 가지 사실을 동시에 받아들여야 한다. 하나는 예수님이 많은 기적을 행하시고 병자를 고쳐 주신 것이 사실이고, 또 다른 하나는 예수께서 행하신 많은 기적은 기적 자체보다는 기적이 부여하는 의미를 복음서 저자들은 중요하게 생각했다는 사실이다.

8:1-4
사회로부터 소외당한 사람: 나병환자

━▶말씀 속으로◀━

8:1 예수께서 산에서 내려 오시니 수많은 무리가 따르니라 2 한 나병환자가 나아와 절하며 이르되 주여 원하시면 저를 깨끗하게 하실 수 있나이다 하거늘 3 예수께서 손을 내밀어 그에게 대시며 이르시되 내가 원하노니 깨끗함을 받으라 하시니 즉시 그의 나병이 깨끗하여진지라 4 예수께서 이르시되 삼가 아무에게도 이르지 말고 다만 가서 제사장에게 네 몸을 보이고 모세가 명한 예물을 드려 그들에게 입증하라 하시니라.

성경에 나오는 나병환자는 오늘날 우리가 생각하는 한센환자만이 아니었다. 피부병과 관련되어 있는 모든 병들을 통틀어 나병이라고 말했다. 레위기 13-14장은 나병과 관련된 규례들을 나열하고 있다. 그리고 나병환자는 영적인 면에서 하나님의 자녀로서의 가치를 상실하여 외로움과 절망과 두려움과 고통 가운데 사는 삶을 상징하기도 했다.

치유받은 나병환자에게 예수님은 가서 제사장에게 네 몸을 보이라고 하신다. 나병환자는 치유가 되었다고 하더라도 제사장이 공동체로 돌아갈 수 있다고 판결을 내리기 전에는 공동체 안으로 들어갈 수 없었기 때문이다. 그러므로 나병환자를 치유해 주는 기적 사건은 공동체로부터 소외당했던 사람을 하나님의 은혜로 공동체 일원으로 회복시켜 주는 이야기로 이해할 수 있다.

8장에 있는 백부장의 하인을 고쳐 주는 기적(8:5-13)과 베드로의 장모를 고쳐 주는 기적 사건(8:14-17)도 같은 맥락에서 이해할 수 있다. 예수님은 공동체 밖에서 소외당하고 있는 사람들을 공동체 안으로 회복시켜 주어 다른 사람들을 섬기고 섬김을 받으며 살 수 있도록 도와주시는 분이시다.

━▶생활 속으로
☼ 예수님을 믿기 때문에 내가 사람들과 더 잘 어울리는 사람이 되었는가 아니면 더 고립되어 있다고 생각하는가?
☼ 예수님 때문에 내가 하나님 앞에서 가장 가치있는 피조물이 되었다는 체험을 해 본 적이 있는가?

9:1 - 8
하나님과 올바른 관계를 회복: 중풍병자를 고치심

━▶말씀 속으로◀━

9:1 예수께서 배에 오르사 건너가 본 동네에 이르시니 2 침상에 누운 중풍병자를 사람들이 데리고 오거늘 예수께서 그들의 믿음을 보시고 중풍병자에게 이르시되 작은 자야 안심하라 네 죄 사함을 받았느니라 3 어떤 서기관들이 속으로 이르되 이 사람이 신성을 모독하도다 4 예수께서 그 생각을 아시고 이르시되 너희가 어찌하여 마음에 악한 생각을 하느냐 5 네 죄 사함을 받았느니라 하는 말과 일어나 걸어가라 하는 말 중에 어느 것이 쉽겠느냐 6 그러나 인자가 세상에서 죄를 사하는 권능이 있는 줄을 너희로 알게 하려 하노라 하시고 중풍병자에게 말씀하시되 일어나 네 침상을 가지고 집으로 가라 하시니 7 그가 일어나 집으로 돌아가거늘 8 무리가 보고 두려워하며 이런 권능을 사람에게 주신 하나님께 영광을 돌리니라.

1-8절에 나오는 중풍병은 근육을 마비시키고 언어와 행동에 장애를 일으키는 무서운 병이다. 그래서 성경에서는 중풍병이 신체적으로 나타나는 증세를 생각하면서 영적 생활을 마비시키는 죄와 연결시키는 용어로 사용하기도 한다. 중풍병자를 고치는 기적 사건은 죄로 인하여 하나님과의 관계가 마비되었던 것이 죄를 용서받음으로써 하나님과의 관계가 다시 회복되는 것을 강조하는 사건이다.

그러한 면에서 죄로 인해 하나님의 자녀로 떳떳하게 살지 못했던 죄인 마태를 부르는 이야기 (9-13절), 한 관리의 딸과 열두 해 동안 혈루증으로 고생하던 여자를 고쳐 주는 이야기 (18-26) 모두는 같은 맥락에서 하나님과의 관계 회복을 말해 주는 것들로 이해할 수 있다. 그러한 의미에서 예수님은 중풍병자에게 말씀하신다. "네 죄 사함을 받았느니라." 예수님은 인간의 죄를 용서하여 주시어 하나님과 올바른 관계를 회복시켜 주시는 분이시다.

━━▶생활 속으로
☼ 내가 하나님으로부터 멀리 떨어진 채로 생활하다가 하나님과 가까워지게 된 관계 회복을 체험해 보았는가? 어떤 환경 속에서 그 소중한 체험을 하게 되었는가?

9:35-38
예수님이 무리를 불쌍히 여기시다

━━▶말씀 속으로◀━━

9:35 예수께서 모든 도시와 마을에 두루 다니사 그들의 회당에서 가르치시며 천국 복음을 전파하시며 모든 병과 모든 약한 것을 고치시니라 36 무리를 보시고 불쌍히 여기시니 이는 그들이 목자 없는 양과 같이 고생하며 기진함이라 37 이에 제자들에게 이르시되 추수할 것은 많되 일꾼이 적으니 38 그러므로 추수하는 주인에게 청하여 추수할 일꾼들을 보내 주소서 하라 하시니라

마태복음은 8장과 9장에서 예수께서 행하신 열 개의 기적 사건을 그룹으로 소개한 후, 예수께서 "무리를 보시고 불쌍히 여기시니 이는 그들이 목자 없는 양과 같이 고생하며 기진함이라"고 말한다 (9:36). 이 기적 사건들 속에 속해 있는 사람들, 즉, 사회로부터 소외당한 가운데 공동체 밖에서 외롭게 살고 있는 사람들, 하나님과의 관계가 끊긴 가운데 하나님의 자녀들로서 권리를 잃고 살고 있던 사람들, 넘어야 할 벽을 초월할 수 없이 살고 있는 사람들(맹인들의 이야기와 말 못하는 사람을 고치는 이야기, 9:27-34)은 목자 없는 양과 같이 "고생하며" (harassed, 삶에 지쳐 있는 모습) "기진해" 있는 (helpless, 의지할 곳 없는 모습) 사람들이라고 예수님은 말씀하신다. 예수님은 이들을 보시고 불쌍히 여기신다.

그래서 예수님은 삶에 지쳐 있는 사람들에게 힘이 되어 주시고, 의지할 곳 없는 사람들에게 버팀목이 되어 주신다. 예수님은 이러한 사람들에게 하나님과 함께 할 수 있는 새 삶과 새로운 통찰력과 새 언어를 허락하여 주신다.

예수님은 이러한 사역을 더 많은 사람에게 할 수 있도록 추수할 일꾼을 보내달라고 기도하라 하신다. 예수님은 그가 초청하는 사람들을 들어 쓰시어 그의 사역을 더 확장하기를 원하신다. 그래서 10장에서 열두 제자를 부르는 이야기가 나온다.

➡️ 생활 속으로

☼ 예수님이 삶에 지쳐 있는 사람들을 위하여 나를 들어 쓰신다면 나는 어떻게 도움이 될 수 있을까?
☼ 예수님이 의지할 곳이 없는 사람들을 위하여 나를 들어 쓰신다면 나는 어떻게 도움이 될 수 있을까?
☼ 예수님이 삶에 지쳐 있는 사람과 의지할 곳이 없는 사람을 위하여 우리 교회를 들어 쓰신다면 무엇을 해야 할까?

마태복음 10:1-42
제자들의 사역과 저항

➡ 주요 메시지

예수님은 제자들에게 "추수할 것은 많되 일꾼이 적으니 그러므로 추수하는 주인에게 청하여 추수할 일꾼들을 보내"라고 기도하라고 하셨다 (9:38).

　이제 10장에서 추수할 일꾼으로 부름 받은 제자들의 이름이 완료된다. 그들은 그리스도와 함께하면서 그리스도를 전파하며 그의 말씀과 그의 행하심을 가르치고, 예수 그리스도의 이름으로 더러운 귀신을 쫓아내며, 모든 병과 모든 약한 것을 고쳐야 한다.

10:1-4
열두 제자를 부르심

➡ 말씀 속으로 ⬅

10:1 예수께서 그의 열두 제자를 부르사 더러운 귀신을 쫓아내며 모든 병과 모든 약한 것을 고치는 권능을 주시니라 2 열두 사도의 이름은 이러하니 베드로라 하는 시몬을 비롯하여 그의 형제 안드레와 세베대의 아들 야고보와 그의 형제 요한, 3 빌립과 바돌로매, 도마와 세리 마태, 알패오의 아들 야고보와 다대오, 4 가나나인 시몬 및 가룟 유다 곧 예수를 판 자라.

추수할 일꾼을 보내달라는 기도의 응답으로 10:1-4에서 열두 제자의 이름이 나온다. 그리고 나서 예수님은 제자들에게 치유의 권능을 주시고 제자들을 사도라 부르신다. 신약성경에서 열두 제자는 새 이스라엘, 하나님의 백성, 예수님의 사역이 계속되는 것을 상징하기도 한다.

10:2. 마태복음은 이 곳에서 처음으로 예수님의 열두 제자를 "사도" 라고 부르는데, "사도"는 "보냄을 받은 자"라는

뜻이다. 그래서 제자들에게 특별한 호칭을 주기 위하여 사도라고 부르는 것보다는 제자로서의 사명을 다하기 위해 보냄을 받을 찰라에 있기 때문에 사도라고 부르는 것이다.

"가나나인 시몬"은 가나안 시몬과 셀롯 시몬과 다 같은 사람이며 열심당원이다.

━━▶생활 속으로

☼ 예수께서 나에게 "나를 따르라"고 부르신다면 나는 어떻게 반응할 것이며, 예수님이 나를 부르시는 목적이 무엇이라고 생각하는가?

10:5-10
예수님의 사역을 따라 하는 제자들

━━▶말씀 속으로◀━━

10:5 예수께서 이 열둘을 내보내시며 명하여 이르시되 이방인의 길로도 가지 말고 사마리아인의 고을에도 들어가지 말고 6 오히려 이스라엘 집의 잃어버린 양에게로 가라 7 가면서 전파하여 말하되 천국이 가까이 왔다 하고 8 병든 자를 고치며 죽은 자를 살리며 나병환자를 깨끗하게 하며 귀신을 쫓아내되 너희가 거저 받았으니 거저 주라 9 너희 전대에 금이나 은이나 동을 가지지 말고 10 여행을 위하여 배낭이나 두 벌 옷이나 신이나 지팡이를 가지지 말라 이는 일꾼이 자기의 먹을 것 받는 것이 마땅함이라.

10:5-6. 잃은 자를 찾으러 오시고 (10:6; 15:24), 땅 끝까지 복음을 들고 전파하라(28:19)고 하신 예수께서 이방인의 길로도 가지 말고 사마리아 고을에도 들어 가지 말라는 말씀은 무엇일까?

초대교회 사람들은 이스라엘 백성을 먼저 구원하고, 그 다음에 이방인들을 구원하는 순서로 생각했다. 이것은 이방인을 배제하려는 것이 아니고 시간적인 이슈를 언급하는 것이다.

10:7-8. 예수님은 그가 지금까지 하신 같은 사역을 제자들이 계속 할 수 있도록 제자들을 부르신다. 7절과 8절은 예수께서 열두 제자를 부르신 목적을 분명하게 말해 주는 구절들이다.

제자들은 천국이 가까이 왔다고 전파하고 (복음 전파), 병든 자를 고쳐 주며 죽은 자를 살리며...귀신을 내쫓으며, 예수님과 함께 하기 위하여 부르심을 받은 사람들이다.

"병든 자를 고치며." 육체의 병을 치유해 주는 것도 의미하지만, 약한 자를 강하게 해주는 것도 의미한다.

"죽은 자를 살리며." 육체적으로 죽은 몸을 다시 살리는 것을 의미하지만, 죄로 인하여 죽은 자처럼 사는 이에게 새 생명을 소개해 주는 의미로도 사용된다.

"나병환자를 깨끗하게 하며." 피부병을 깨끗하게 치유하는 사역을 의미하지만, 죄로 인하여 마비된 삶의 질서를 회복시켜 주는 것을 의미하기도 한다.

"귀신을 쫓아내되." 귀신들린 사람을 치유하여 주는 것을 의미하지만, 귀신에 잡혀 노예처럼 사는 사람에게 자유인으로 살게 도와주는 것도 의미한다.

➡ 생활 속으로

☼ 예수님의 제자로서 나는 나병환자를 깨끗하게 치유할 수 있는 은사가 없고, 귀신을 쫓아낼 수 있는 은사가 없다. 예수님으로부터 부름을 받은 한 사람으로서 내가 할 수 있는 것 세 가지만 적어 보자.

☼ 예수님과 함께 하기 위하여 부르심을 받았다는 뜻은 무엇일까?

☼ 복음서마다 예수님의 열두 제자의 이름을 조금씩 다르게 나열하고 있다. 마태복음에 나열된 예수님의 열두 제자의 이름을 모두 적어 보자.

마태복음 11-13장
천국의 가르침과 회개의 삶

➞ 주요 메시지

예수님은 살아 계신 하나님의 아들이시자 메시야이시다 (11:27). 예수님은 수고하고 무거운 짐 진 자들을 초청하시는 분 (11:28), 예수님은 마음이 온유하고 쉼을 주시는 분 (11:29-30), 예수님은 무거운 짐을 진 자들을 해방시켜 주시는 분 (11:30), 예수님은 안식일의 주인이신 분 (12:8), 예수님은 천국으로 초청하시는 분이시다 (13장).

11:1-3
오실 그이가 당신이오니이까?

➞ 말씀 속으로 ◀─

11:1 예수께서 열두 제자에게 명하기를 마치시고 이에 그들의 여러 동네에서 가르치시며 전도하시려고 거기를 떠나 가시니라 2 요한이 옥에서 그리스도께서 하신 일을 듣고 제자들을 보내어 3 예수께 여짜오되 오실 그이가 당신이오니이까 우리가 다른 이를 기다리오리이까.

세례 요한은 한때 예수님을 가리켜 "내 뒤에 오시는 이는 나보다 능력이 많으시니 나는 그의 신을 들기도 감당하지 못하겠노라 그는 성령과 불로 너희에게 세례를 베푸실 것이요"라고 말한 사람이다 (3:11-12). 그러나 11:3에서 그는 "오실 그이가 당신이오니이까 우리가 다른 이를 기다리오리이까"라고 질문한다. 세례 요한은 왜 이러한 질문을 하게 되었을까?

요한이 이해하는 구약성경에 의하면, 예수님이 하시는 사역이 그가 이해하고 있는 메시야관과 좀 다른 것 같다. 에스

겔 5:4에 의하면, "또 그 가운데에서 얼마를 불에 던져 사르라 그 속에서 불이 이스라엘 온 족속에게로 나오리라." 그리고 예레미야 12:17에서 "그들이 순종하지 아니하면 내가 반드시 그 나라를 뽑으리라 뽑아 멸하리라 여호와의 말씀이니라." 이러한 모습이 메시야에게 나타나는 모습이다. 세례 요한이 아무리 예수님을 보아도 그에게서 불이 나오는 것 같지가 않고, 나무의 뿌리가 뽑히는 것처럼 보이지가 않았다. 세례 요한의 눈에 예수님이 이스라엘 백성에게 자유를 안겨줄 수 있는 강한 모습이 보이지 않았다.

━▶생활 속으로
☼ 한때 예수님에 대한 나의 확신이 후에 회의가 생기는 경험을 해 보았는가? 그 회의가 무엇에 관한 것이었는가?
☼ 구약성경의 메시야관과 신약성경의 메시야관이 어떻게 다른지 서로 이야기를 나누어 보자.

11:4-15
세례 요한에게 답하시는 예수님

━▶말씀 속으로◀━
11:4 예수께서 대답하여 이르시되 너희가 가서 듣고 보는 것을 요한에게 알리되 5 맹인이 보며 못 걷는 사람이 걸으며 나병환자가 깨끗함을 받으며 못 듣는 자가 들으며 죽은 자가 살아나며 가난한 자에게 복음이 전파된다 하라 6 누구든지 나로 말미암아 실족하지 아니하는 자는 복이 있도다 하시니라 7 그들이 떠나매 예수께서 무리에게 요한에 대하여 말씀하시되 너희가 무엇을 보려고 광야에 나갔더냐 바람에 흔들리는 갈대냐 8 그러면 너희가 무엇을 보려고 나갔더냐 부드러운 옷 입은 사람이냐 부드러운 옷을 입은 사람들은 왕궁에 있느니라 9 그러면 너희가 어찌하여 나갔더냐 선지자를 보기 위함이었더냐 옳다 내가 너희에게 이르노니 선지자보다 더 나은 자니라 10 기록된 바 보라 내가 내 사자를 네 앞에 보내노니 그가 네 길을 네 앞에 준비하리라 하신 것이 이 사람에 대한 말씀이니라 11 내가 진실로 너희에게 말하

노니 여자가 낳은 자 중에 세례 요한보다 큰 이가 일어남이 없도다
그러나 천국에서는 극히 작은 자라도 그보다 크니라 12 세례 요
한의 때부터 지금까지 천국은 침노를 당하나니 침노하는 자는 빼
앗느니라 13 모든 선지자와 율법이 예언한 것은 요한까지
니 14 만일 너희가 즐겨 받을진대 오리라 한 엘리야가 곧 이 사
람이니라 15 귀 있는 자는 들을지어다.

예수님은 세례 요한이 물은 질문의 답을 세례 요한의 제자
들에게 말해 준다. 예수님은 "너희가 가서 듣고 보는 것을 요
한에게 알리"라고 말씀하신다. 듣고 보는 것들은 맹인이 보며,
못 걷는 사람이 걸으며, 나병환자가 깨끗함을 받으며, 못 듣
는 자가 들으며, 죽은 자가 살아나며, 가난한 자에게 복음이
전파되는 것이다. 다시 말해, 이러한 기적들은 메시야의
시대를 상징해 주는 것들이다 (이사야 61:1-2).

마태복음에서는 이러한 것들이 이사야 선지자가 메시야
가 행할 예언으로 선포된 것들이었으며, 예수님은 바로 이
예언의 성취자로 사역을 하고 계시는 것이다.

세례 요한의 질문과는 달리 예수님은 회개를 촉구했고
믿음의 열매를 강조했던 세례 요한을 가리켜 "선지자보다
나은 자"라고 칭찬하셨고, 또 "큰 이"라 인정하셨다 (11:11).
그와 관련된 이슈는 새 시대를 상징하는 천국사역에 참여할
것인가 아닌가가 이슈이다.

➡️ **생활 속으로**

☼ 예수님은 세례 요한이 한 질문에 응답으로 메시야 시대에
눈으로 보고 들을 수 있는 것에 대하여 전해 주라고 말씀하
신다. 우리가 예수님과 함께하기에 사람들이 자유스러워지
는 모습은 어디에서 보고 들을 수 있는가?

☼ 예수님의 이름으로 오지에 가서 의료 선교를 하는 선교사
들로부터 체험담을 듣는 시간을 마련해 보자.

☼ 예수님에 대한 확신을 어떻게 하면 오래 유지할 수 있을
까?

11:25-30
짐 진 자들아 다 내게로 오라

➡️ 말씀 속으로 ⬅️

11:25 그 때에 예수께서 대답하여 이르시되 천지의 주재이신 아버지여 이것을 지혜롭고 슬기 있는 자들에게는 숨기시고 어린 아이들에게는 나타내심을 감사하나이다 26 옳소이다 이렇게 된 것이 아버지의 뜻이니이다 27 내 아버지께서 모든 것을 내게 주셨으니 아버지 외에는 아들을 아는 자가 없고 아들과 또 아들의 소원대로 계시를 받는 자 외에는 아버지를 아는 자가 없느니라 28 수고하고 무거운 짐 진 자들아 다 내게로 오라 내가 너희를 쉬게 하리라 29 나는 마음이 온유하고 겸손하니 나의 멍에를 메고 내게 배우라 그리하면 너희 마음이 쉼을 얻으리니 30 이는 내 멍에는 쉽고 내 짐은 가벼움이라 하시니라.

11:25-26. "지혜롭고 슬기 있는 자들"은 제사장들과 바리새인들이다. 이들은 마음과 눈과 귀를 닫아 놓은 사람들이기에 예수께서 나타내 보여주시는 것들을 보지도 못하고 듣지도 못한다. 그래서 예수님은 하나님의 뜻을 어린 아이들에게 나타내 주심을 감사하신다.

11:27. 예수님은 하늘 아버지께서 모든 것을 맡기어 주신 분이시고, 살아 계신 하나님의 아들이시자 메시야이심을 선포하는 구절이다. 크리스천이 된 특혜는 하나님의 아들 예수님에게만 이러한 계시를 하여 주시는 것이 아니라 아들로부터 계시를 받는 자들에게도 보고 듣는 것들을 이해할 수 있도록 계시하여 주신다는 사실이다.

11:28-30. 예수님은 수고하고 무거운 짐 진 자들에게 쉼을 주시고, 또한 그는 마음이 온유하고 겸손하셔서 우리 마음에도 쉼을 주시는 분이시다.

"멍에"는 원래 소를 길들이기 위해 사용하던 도구이다. 그러나 예수님 당시 랍비들은 이 단어를 학교에서 가름침을 받는 것으로 사용했다. 랍비들의 가르침은 너무 요구하는 것이 많았다. 그래서 여기서 예수님은 나의 가르침은 랍비들의 가르침보다 쉽다고 말씀하시는 것이다. "멍에"가 지니고 있는 또 다른 상징은 복종과 섬김이다. 오늘의 성직자들이 예복을 입을 때 사용하는 스톨도 멍에를 지고 복종하고 섬기는 삶을 사는 것을 상징하는 것이다. 예수님은 그를 따르는 사람들이 천국의 가르침에 복종하기를 원하신다. 다른 사람들을 섬기고, 겸손과 온유를 보이는 삶을 살기를 원하신다. 예수님의 멍에는 쉽고 가벼운데, 예수님을 따르면 우리 주변에서 모든 문제가 없어지기 때문이 아니라, 그것이 하나님의 길이기 때문이다.

"내 멍에는 쉽다"라고 하는 것은 쉬운 삶으로 초청해 준다는 뜻이 아니라, 인간이 만든 종교의 규례로 인하여 무거운 짐을 지게 된 자들을 해방시켜 주신다는 뜻이다. 인간이 만든 교리가 삶을 해방시켜 주는 것이 아니다. 예수 그리스도의 은혜와 사랑이 삶을 해방시켜 주는 것이다.

그래서 예수님은 수고하고 무거운 짐 진 자들아 다 내게로 오라고 하신다. 예수님 안에서 회복되는 것을 체험하라고 초청하신다.

▶ 생활 속으로

☼ 예수님은 수고하고 무거운 짐 진 자들아 다 내게로 오라 내가 너희를 쉬게 하리라고 우리 한 사람 한 사람을 초청한다. 나는 예수님의 초청에 어떻게 응답하고 있는가?

☼ 나는 예수님의 초청을 받아들인 후 무거운 삶의 짐이 가벼워지는 체험을 해 본 경험이 있는가? 그 경험이 무엇에 관한 것이었나?

☼ 오늘날 가볍고 즐거운 마음으로 교회에 왔다가 오히려 무거운 마음을 가지고 집으로 돌아가게 되는 사례들은 무엇에 관한 것들인가?

☼ 인간이 만든 규례에서 어떻게 하면 벗어날 수 있을까?

마태복음 12장
그리스도와 바리새인 간의 충돌

━▶ 주요 메시지
예수님은 안식일의 주인이시다.

12:31-32
성령을 모독하는 죄

━▶ 말씀 속으로 ◀━

12:31 그러므로 내가 너희에게 이르노니 사람에 대한 모든 죄와 모독은 사하심을 얻되 성령을 모독하는 것은 사하심을 얻지 못하겠고 32 또 누구든지 말로 인자를 거역하면 사하심을 얻되 누구든지 말로 성령을 거역하면 이 세상과 오는 세상에서도 사하심을 얻지 못하리라.

12:1-8에 있는 안식일에 밀 이삭을 자르는 이야기와 12:9-21에 있는 안식일에 손 마른 사람을 치유하여 주는 이야기 모두는 안식일을 지키지 못하기 때문에 생기는 갈등들이다. 유대인들은 안식일 법규를 어기는 것과 할례 법규를 어기는 것과 음식 규례를 어기는 것에 대하여 참지를 못했다. 그러나 예수님은 법규보다는 사람의 생명을 살리는 것이 우선으로 되어 있었다. 그래서 "인자는 안식일의 주인"이라고 말씀하셨던 것이다.

그러한 의미에서 인간적인 면에서 예수님을 공격하는 것은 용서받을 수 있다. 예를 들어, 예수님은 죄인들과 함께 먹고 마시는 것을 좋아하신다고 공격하는 말이다. 그러나 하나님의 성령으로 귀신을 쫓아내는 것을 공격하는 사람은 하나님을 대항하여 싸우는 것이기에 용서받을 수 없다. 다시 말해, 성령이 누구이신지를 알면서도 의도적으로 성령님을 거역하는 사람은 용서를 받을 수 없다. 하나님을 거역하는 죄는 궁극적으로 용서받을 수 없기 때문이다.

13:1-9
네 종류 땅에 떨어진 씨의 비유

━━▶ 말씀 속으로 ◀━━

13:1 그 날 예수께서 집에서 나가사 바닷가에 앉으시매 2 큰 무리가 그에게로 모여 들거늘 예수께서 배에 올라가 앉으시고 온 무리는 해변에 서 있더니 3 예수께서 비유로 여러 가지를 그들에게 말씀하여 이르시되 씨를 뿌리는 자가 뿌리러 나가서 4 뿌릴새 더러는 길 가에 떨어지매 새들이 와서 먹어버렸고 5 더러는 흙이 얕은 돌밭에 떨어지매 흙이 깊지 아니하므로 곧 싹이 나오나 6 해가 돋은 후에 타서 뿌리가 없으므로 말랐고 7 더러는 가시떨기 위에 떨어지매 가시가 자라서 기운을 막았고 8 더러는 좋은 땅에 떨어지매 어떤 것은 백 배, 어떤 것은 육십 배, 어떤 것은 삼십 배의 결실을 하였느니라 9 귀 있는 자는 들으라 하시니라.

13장에는 일곱 개의 비유가 들어 있다. 마태복음에서는 일곱이라는 숫자가 완전한 숫자이기도 하지만 마태복음이 선호하는 숫자이기도 하다. 헬라어로 "비유"는 "파라볼레"인데, "파라"는 곁이라는 뜻이고, "발로"는 옆에 둔다는 뜻이다. 그러한 의미에서 비유는 나란히 놓고 비교한다는 뜻에서 사용하는 합성어이다. 영어로 비유를 parable이라고 하는데 이 단어는 헬라어가 어근으로 되어 있는 단어다.

비유는 사람들이 일상생활에서 일상적으로 경험하는 것들을 들어 삶에 대한 새로운 진리를 이해시키기 위하여 사용되는 방법이다. 예수님이 가르쳐 주시는 천국의 비밀은 가르쳐 주어서 아는 것이 아니라, 보여주어서 아는 것이다. 다시 말해, 예수님이 가르쳐 주시는 천국의 비유는 대부분 우리가 내용을 볼 수 있도록 전개해 준 다음 우리의 응답을 기대하는 것들이다.

13:1-3. "씨"는 하나님의 말씀(복음)을 상징한다.
"씨를 뿌리는 것"은 가르침이나 전도를 상징한다.
"길 가," "흙이 얕은 돌밭," "가시떨기," "좋은 땅"은 마음의 상태를 상징한다.

13:4. 길 가에 뿌려진 씨는 마음 문을 닫고 하나님의 말씀을 들으려고 하지 않는 사람의 마음 상태이다. 수많은 세상적 교훈, 철학, 사상 등에 의해 마음이 굳어져서 복음의 메시지를 들어도 받아들이지 못하는 상태를 말한다.

13:5-6. 흙이 얕은 돌밭에 떨어진 씨는 삶에 조금만 어려움이 생겨도 끝까지 하나님의 말씀에 대하여 생각해 보지 않고 쉽게 포기하는 사람을 상징한다.

13:7. 가시떨기 위에 떨어진 씨는 천국의 말씀에 흥미를 보이는 듯하다가 세상적인 염려와 재물의 유혹 때문에 자신도 모르게 세상 재미 때문에 말씀을 포기하는 사람이다. 그의 마음은 세상에서 조금만 어려움을 당해도 심겨진 씨가 질식되어 죽는다.

13:8. 좋은 땅에 떨어진 씨는 열매를 맺는 마음 상태를 상징한다. 팔레스타인 농부가 10배 내지 15배를 기대하는 것은 정상적인 기대였다. 그러나 백 배, 육십 배, 삼십 배는 농부가 기대하기에 불가능한 기대인데, 무엇을 의미하는 것일까? 이것은 예수님이 주시는 희망과 약속의 기대를 의미하는 것이다.

━▶생활 속으로

☼ 영적인 면에서 요즈음 내 마음의 상태는 어떤 종류의 땅이 되어 있다고 생각하는가?

☼ 내가 한때는 신앙생활을 신나게 하는 듯하다가 시들하게 된 동기가 무엇이라고 생각하는가?

☼ 나의 개인적인 어려움 때문에 신앙생활에 어려움을 받은 체험을 언제 해 보았는가? 지금은 극복되었다고 생각하는가?

☼ 나는 어떤 환경에 처해 있을 때, 믿음이 성장하는 것 같고 또 믿음의 열매를 맺는 것 같은 생각이 드는가?

13:24-30
잡초

➡ 말씀 속으로 ⬅

13:24 예수께서 그들 앞에 또 비유를 들어 이르시되 천국은 좋은 씨를 제 밭에 뿌린 사람과 같으니 25 사람들이 잘 때에 그 원수가 와서 곡식 가운데 가라지를 덧뿌리고 갔더니 26 싹이 나고 결실할 때에 가라지도 보이거늘 27 집 주인의 종들이 와서 말하되 주여 밭에 좋은 씨를 뿌리지 아니하였나이까 그런데 가라지가 어디서 생겼나이까 28 주인이 이르되 원수가 이렇게 하였구나 종들이 말하되 그러면 우리가 가서 이것을 뽑기를 원하시나이까 29 주인이 이르되 가만 두라 가라지를 뽑다가 곡식까지 뽑을까 염려하노라 30 둘 다 추수 때까지 함께 자라게 두라 추수 때에 내가 추수꾼들에게 말하기를 가라지는 먼저 거두어 불사르게 단으로 묶고 곡식은 모아 내 곳간에 넣으라 하리라.

팔레스타인 지역에서 자라나는 식물들 가운데 "독보리"(darnel)라는 잡초가 있다. 이 독보리는 이름이 말해 주듯이 보리가 자라날 때, 진짜 보리하고 분간하기 아주 힘들다. 이러한 잡초를 들어 예수께서 비유로 말씀하시는 이유는 전도하는데 한계를 정하려는 유혹에 대한 도전이고, 순수하고 완전한 공동체를 꿈 꾸는 것에 대한 도전이다.

이 세상에서 하나님이 역사하시는 것은 분명하다. 하나님께서 역사하시는 것은 언제이고 열매를 맺게 되어 있다. 예수님이 심으신 좋은 씨든, 사탄이 심은 나쁜 씨든, 추수의 때는 분명히 온다. 그리고 천국은 지금의 제자들에게는 숨겨져 있으나, 미래에는 정하여진 때에 나타날 것이다.

➡ 생활 속으로

☼ 내 마음 속에 살아 나를 괴롭히는 잡초는 무엇인가?
☼ 교회에서 신앙생활을 하다가 보면 잡초와 같은 사람을 걸러내고 싶은 유혹이 자주 생긴다. 어떻게 하면 잡초와 같은 사람이 신앙의 열매를 맺을 수 있도록 도와줄 수 있을까?

마태복음 14:1-21
오천 명을 먹이신 기적

━▶ 주요 메시지
예수님은 생명을 주시는 분이시다.

14:13-21
오천 명을 먹이시다

━▶ 말씀 속으로 ◀━

14:13 예수께서 들으시고 배를 타고 떠나사 따로 빈 들에 가시니 무리가 듣고 여러 고을로부터 걸어서 따라간지라 14 예수께서 나오사 큰 무리를 보시고 불쌍히 여기사 그 중에 있는 병자를 고쳐 주시니라 15 저녁이 되매 제자들이 나아와 이르되 이 곳은 빈 들이요 때도 이미 저물었으니 무리를 보내어 마을에 들어가 먹을 것을 사 먹게 하소서 16 예수께서 이르시되 갈 것 없다 너희가 먹을 것을 주라 17 제자들이 이르되 여기 우리에게 있는 것은 떡 다섯 개와 물고기 두 마리뿐이니이다 18 이르시되 그것을 내게 가져오라 하시고 19 무리를 명하여 잔디 위에 앉히시고 떡 다섯 개와 물고기 두 마리를 가지사 하늘을 우러러 축사하시고 떡을 떼어 제자들에게 주시매 제자들이 무리에게 주니 20 다 배불리 먹고 남은 조각을 열두 바구니에 차게 거두었으며 21 먹은 사람은 여자와 어린이 외에 오천 명이나 되었더라.

오천 명을 먹인 기적 이야기 전에는 세례 요한을 죽인 분봉왕 헤롯 안디바에 관한 이야기가 나왔다. 세례 요한의 죽음을 접하신 예수님은 이제 "빈 들"로 가신다. 여기서의 빈 들은 광야라기보다는 혼자 쉬실 수 있는 한적한 곳이다.

예수님은 세례 요한의 죽음과 당신의 죽음을 곰곰이 생각해 보시기를 원해서 빈 들을 찾으신 것이다. 그러나 예수님이 빈 들로 가시는 것을 보고 오천 명의 사람이 여러 고을로부터 와서 따라간다.

예수님은 큰 무리를 보시고 불쌍히 여기시고 그 중에 함께 있는 병자들을 고쳐 주신다. 앞에서 말한 것처럼 병자를 고쳐 주시고, 귀신을 쫓는 사역은 예수님이 기회가 있을 때마다 하신 사역이다.

그리고 예수님은 저녁이 되어 먹을 것이 없는 무리에게 먹을 것을 주라고 제자들에게 말씀하신다. 그러나 제자들은 여기 우리에게 있는 것은 떡 다섯 개와 물고기 두 마리뿐이라고 말한다. 예수님은 떡 다섯 개와 물고기 두 마리를 가지고 하늘을 우러러 축사하시고 떡을 떼어 제자들에게 주시매 제자들이 무리에게 주니 다 배불리 먹고 남은 조각이 열두 바구니나 되었다고 한다.

오천 명을 먹인 기적 이야기는 다양하게 이해되어 왔다. 그러나 두세 가지 의미는 꼭 기억해야 할 것이다. 하나는 오천 명을 먹인 기적은 육신의 허기를 만족시켜 주는 것만이 아니라 예수님의 정체성을 분명하게 보여주는 것이다. 예수님은 인간에 대한 하나님의 자비와 은총으로 영의 양식을 먹여 주는 분이시다. 또 하나는 예수께서 기적을 행하실 수 있도록 빵 다섯 개와 물고기 두 마리를 희생한 사람이 있었다는 것이다. 마지막으로 헤롯이 베푼 연회는 사람을 죽이는 연회였지만, 예수님이 빈 들에서 베푸신 연회는 사람들을 살리는 연회였다는 것이다. 앞으로 예수님이 하시는 말씀, 사역, 고난, 죽음, 부활 하나 하나는 사람들을 살리는 사역이 될 것이다.

━▶생활 속으로
☆ 제자들은 오천 명을 먹이는 예수님의 기적을 보고도 예수님의 참 모습을 이해하지 못했다. 기적이 우리 신앙생활에 기여하는 역할은 무엇일까?
☆ 예수님은 같은 분이신데 왜 교단마다 자기들이 행하는 성만찬만이 가장 정통적인 것이라고 주장할까?

마태복음 15:1-39
예수님을 거부하는 사람들

주요 메시지

15:1-20. 예수님을 거부하다.
15:21-39. 15:21-39 예수님을 따르다.

15:10-20
예수님을 거부하는 사람들: 바리새인과 서기관들

말씀 속으로

15:10 무리를 불러 이르시되 듣고 깨달으라 11 입으로 들어가는 것이 사람을 더럽게 하는 것이 아니라 입에서 나오는 그것이 사람을 더럽게 하는 것이니라 12 이에 제자들이 나아와 이르되 바리새인들이 이 말씀을 듣고 걸림이 된 줄 아시나이까 13 예수께서 대답하여 이르시되 심은 것마다 내 하늘 아버지께서 심으시지 않은 것은 뽑힐 것이니 14 그냥 두라 그들은 맹인이 되어 맹인을 인도하는 자로다 만일 맹인이 맹인을 인도하면 둘이 다 구덩이에 빠지리라 하시니 15 베드로가 대답하여 이르되 이 비유를 우리에게 설명하여 주옵소서 16 예수께서 이르시되 너희도 아직까지 깨달음이 없느냐 17 입으로 들어가는 모든 것은 배로 들어가서 뒤로 내버려지는 줄 알지 못하느냐 18 입에서 나오는 것들은 마음에서 나오나니 이것이야말로 사람을 더럽게 하느니라 19 마음에서 나오는 것은 악한 생각과 살인과 간음과 음란과 도둑질과 거짓 증언과 비방이니 20 이런 것들이 사람을 더럽게 하는 것이요 씻지 않은 손으로 먹는 것은 사람을 더럽게 하지 못하느니라.

"바리새인들과 서기관들"을 함께 언급하는 이유는 예수님의 사역에 대한 종교 지도자들의 공식적인 입장에 대하여 언급하기 위함이다. 예수님 당시 이 두 그룹은 서로 가깝게 지내던 사람들이 아니었다. "바리새인들"은 율법을 생활 속에서 철두철미하게 실천하려고 노력하던 평신도들이었고 "서

기관들"은 성경을 베끼고, 해석하고, 법정에서 법을 해석하던 훈련받은 율법 학자들이었다. 평소에 함께 하지 않던 이 두 그룹의 사람들이 "예루살렘으로부터 예수께" 왔다는 것은 예수님의 사역을 공식적으로 인정하여 주고 싶지 않았다는 사실을 말해 주는 것이다.

15:2. "장로들의 전통"은 조상 때부터 구전으로 내려온 율법을 해설한 내용이다. 바리새인들은 이 전통을 구약성경 자체만큼이나 중요하게 생각했고, 이 전통을 "미쉬나"라고 불렀다. 미쉬나는 "반복한다"는 뜻인데, 율법을 반복하여 실행하다 보면 몸에 익혀진다는 뜻에서 붙여진 이름이다. 장로들의 전통은 원래 율법을 보호하고 율법을 잘 지키도록 돕기 위해 내려온 전통인데, 후대에 와서는 전통 자체가 율법처럼 되어 버린 것이다.

15:10-11. 예수께서 무리에게 말씀하신다. 손을 씻지 않고 먹는다고 해서 그것이 사람을 더럽히는 것은 아니다. 마음에서 우러나와 생각하고 행동하는 것이 율법과 전통 때문에 행동하는 것보다 더 중요하다.

15:12-20. 예수께서 제자들에게 말씀하신다. 사실 바리새인과 서기관들은 자신들이 하나님이 심어준 백성이라고 생각하고, 이방의 빛이요 인도자라고 생각하지만, 마음에 없는 율법을 남에게 전수하는 자나, 마음에 없는 것을 맹목적으로 따르는 자들은 둘 다 구덩이에 빠지게 되어 있다는 것이다.

▶ 생활 속으로

☼ 교회생활에서 남의 잘못만 꼬집어 말하는 사람들을 보면 어떤 생각이 드는가?

☼ 우리 교회를 통해 전하여 내려오는 전통 중에서 성경의 권위만큼이나 도전하기 어려운 전통들이 있다면 어떠한 전통들인가?

15:21-28
예수님을 따르는 사람들: 가나안 여자의 믿음

➡️ 말씀 속으로 ⬅️

15:21 예수께서 거기서 나가사 두로와 시돈 지방으로 들어가시니 22 가나안 여자 하나가 그 지경에서 나와서 소리 질러 이르되 주 다윗의 자손이여 나를 불쌍히 여기소서 내 딸이 흉악하게 귀신 들렸나이다 하되 23 예수는 한 말씀도 대답하지 아니하시니 제자들이 와서 청하여 말하되 그 여자가 우리 뒤에서 소리를 지르오니 그를 보내소서 24 예수께서 대답하여 이르시되 나는 이스라엘 집의 잃어버린 양 외에는 다른 데로 보내심을 받지 아니하였노라 하시니 25 여자가 와서 예수께 절하며 이르되 주여 저를 도우소서 26 대답하여 이르시되 자녀의 떡을 취하여 개들에게 던짐이 마땅하지 아니하니라 27 여자가 이르되 주여 옳소이다마는 개들도 제 주인의 상에서 떨어지는 부스러기를 먹나이다 하니 28 이에 예수께서 대답하여 이르시되 여자여 네 믿음이 크도다 네 소원대로 되리라 하시니 그 때로부터 그의 딸이 나으니라.

15:21-24. 예수께서 두로와 시돈 지방으로 가셨다. 거기서 가나안 여자를 만나는데 그녀는 예수께 "주 다윗의 자손이여 나를 불쌍히 여기소서"라고 외친다. 그녀의 딸은 흉악한 귀신에 걸려 있었다. 제자들은 그녀를 보내자고 예수께 제안하지만 예수님은 "나는 이스라엘 집의 잃어버린 양 외에는 다른 데로 보내심을 받지 아니하였다"라고 말씀하신다.

마가복음에 의하면, 이 가나안 여자를 "수로보니게" 족속의 여자라고 말한다. 수로보니게 족속은 시리아와 베니게 (헬라인)의 피가 섞인 사람이다 (막 7:24). 오늘날로 말한다면 이스라엘 북쪽에 있는 레바논 사람이다. 이들은 주로 가나안 지역 "두로"와 "시돈" 지역에 살고 있었다. 두로와 시돈은 베니게의 항구 도시들이다. 두로는 구약에서 솔로몬 왕 때 히람이 레바논의 백향목을 보낸 곳으로 잘 알려졌고 (왕상 5장 참조), 시돈은 아합 왕의 부인 이세벨의 고향으로 잘 알려져 있던 도시였다 (왕상 16:31). 이 두 도시의 이름은 성경에 자주 나오는 이름들이다.

15:25-28. 이 가나안 여자의 이야기는 믿음을 강조하는 것이다. 이 여자가 예수께 딸이 가지고 있는 흉악한 귀신을 쫓아내 달라고 청할 때, 예수님은 자녀의 떡을 취하여 개들에게 던짐이 마땅하지 아니하다고 말씀하신다. 그러나 그 여자는 "주여 옳소이다마는 개들도 제 주인의 상에서 떨어지는 부스러기를 먹나이다"라고 대답한다. 이에 예수님은 "여자여 네 믿음이 크도다 네 소원대로 되리라"고 말씀하신다. 그 때로부터 그녀의 딸이 낫는다.

"개"를 칭하는 헬라어에는 두 단어가 있다. 한 단어는 퀴온(kuōn)이다. 이 개는 야생동물로 거리에 돌아다니며 불결한 찌꺼기를 먹으며 사납고 추한 동물이었다. 그래서 이 개는 불결하고, 비천하고, 탐욕스럽고, 수치를 모르는 사람을 상징하는데 사용하기도 했다. 특히 이방인을 경멸적으로 칭할 때 이 단어를 사용하였다. 개를 칭하는 또 다른 한 단어는 퀴나리온(kunarion) 이다. 이 개는 집에서 기르는 애완용 개이다. 이 이야기에서 사용된 개는 애완용 개이다. 그러므로 예수께서 이 여자를 경멸적으로 부른 것이 아님을 알 수 있다.

이 이야기는 가나안 여자의 믿음 때문에 그녀의 딸을 고쳐 주는 이야기이다. 이 여자에게서 우리의 믿음이 어떻게 성장해야 하는가를 볼 수 있다. 이 여자는 예수님을 "주 다윗의 자손이요"라고 불렀다 (15:22). 이것은 당시 일반인들이 메시야를 부르는 호칭이었다. 그런 다음에 이 여자는 예수님을 주인으로 생각한다. "개들도 제 주인의 상에서 떨어지는 부스러기를 먹나이다" (15:28). 예수님을 자신의 삶의 중심으로 고백하는 모습이다. 이 이야기의 핵심은 예수님을 믿는 믿음이다.

➡ 생활 속으로

☼ 내가 예수님을 내 삶의 중심으로 고백하지 못하는 세 가지 이유와 예수님을 내 삶의 중심으로 고백하는 내용 세 가지를 들어 보자.

마태복음 16:13-28
베드로가 예수님을 그리스도로 고백함

━▶ 주요 메시지

16:15. 너희는 나를 누구라 하느냐?

16:16. 주는 그리스도시요 살아 계신 하나님의 아들이시니이다.

16:13-20
베드로가 예수를 그리스도로 고백하다

━▶ 말씀 속으로 ◀━

16:13 예수께서 빌립보 가이사랴 지방에 이르러 제자들에게 물어 이르시되 사람들이 인자를 누구라 하느냐 14 이르되 더러는 세례 요한, 더러는 엘리야, 어떤 이는 예레미야나 선지자 중의 하나라 하나이다 15 이르시되 너희는 나를 누구라 하느냐 16 시몬 베드로가 대답하여 이르되 주는 그리스도시요 살아 계신 하나님의 아들이시니이다 17 예수께서 대답하여 이르시되 바요나 시몬아 네가 복이 있도다 이를 네게 알게 한 이는 혈육이 아니요 하늘에 계신 내 아버지시니라 18 또 내가 네게 이르노니 너는 베드로라 내가 이 반석 위에 내 교회를 세우리니 음부의 권세가 이기지 못하리라 19 내가 천국 열쇠를 네게 주리니 네가 땅에서 무엇이든지 매면 하늘에서도 매일 것이요 네가 땅에서 무엇이든지 풀면 하늘에서도 풀리리라 하시고 20 이에 제자들에게 경고하사 자기가 그리스도인 것을 아무에게도 이르지 말라 하시니라.

빌립보 가이사랴 지방은 갈릴리에서 북쪽으로 25마일 떨어져 있는 곳이다. 이 곳은 군사적으로나 종교적으로 중요한 곳이었다. 아우구스도 황제가 주전 20년에 이 지역을 방문했다가 헤롯 대왕에게 준 지역이다. 헤롯 대왕이 죽고 헤롯 대왕의 아들 빌립이 이 지역의 분봉왕이 되었을 때, 아우구스도 황제와 자신의 이름을 따서 "빌립보 가이사랴"라고 이름을 지었다. 이 곳에서 예수님은 제자들에게 물으신다. 사람들이 인자를 누구라 하느냐?

16:14. 제자들은 "더러는 세례 요한, 더러는 엘리야, 어떤 이는 예레미야나 선지자 중의 하나"라고 대답한다.

"세례 요한"은 요단 강에서 세례를 베풀며 회개할 것을 선포한 선지자로서 당대에 잘 알려졌던 사람이다. 예수께서 선포하신 내용이 요한과 비슷했다고 생각했던 모양이다.

"엘리야"는 아합 왕 때에 사역을 하였고, 기적을 많이 행한 선지자였다. 그의 기적의 능력을 생각하며 예수님을 엘리야라고 생각했던 것 같다. 엘리야는 불회오리 바람에 휩쓸려 승천했는데, 말라기에는 그가 메시야가 오시기 이전에 그분의 선구자로 와서 메시야의 길을 예비한다고 기록되어 있다.

"예레미야"는 아나돗 촌락 출신으로서 제사장 힐기야의 아들로 태어나 젊은 나이에 바벨론을 활동 무대로 하여 선지자 역할을 한 사람이다. 예레미야는 하나님의 말씀을 배반한 자신의 조국이 허물어져 가는 비참한 모습을 영적인 눈으로 바라보면서 이스라엘 백성을 위해 가장 많이 눈물을 흘리며 애쓴 선지자이다. 따라서 예루살렘을 향해 눈물을 흘리셨던 예수님과 쉽게 연결시킬 수 있었다.

16:15-16. 이번에는 예수께서 당신의 제자들에게 직접 물으신다. "너희는 나를 누구라 하느냐." 이 질문은 예수님을 따르는 사람들이면 누구나 필히 대답해 보아야 하는 질문이다. 이 질문에 대한 솔직한 대답이 없이는 크리스천이라고 말하기가 불가능하기 때문이다. 이 질문은 크리스천의 현재와 미래를 결정짓는 질문이다. 시몬 베드로(게바)가 대답한다. "주는 그리스도시요 살아 계신 하나님의 아들이시니이다." "그리스도"와 "메시야"는 같은 뜻이다. 그리스도는 헬라어요, 메시야는 히브리어이다. 둘 다 "기름을 부은 자"라는 뜻이다.

그리스도는 인간의 죄를 씻어주고 인간을 자유케 하는 분이시다. 이 고백에는 예수님의 신성과 인성, 예수님이 이 땅에 오신 목적과 예수님의 신분이 담겨있는 고백이다. 그래서 우리가 예수 그리스도라고 고백할 때, 우리가 믿는 신앙의 내용을 말하는 것이다. 예수 그리스도는 우리의 구세주이시자 우리를 주관하시는 주님이시다. 크리스천은 예수 그리스도께서 가르치신 교훈에 기초하여 그를 믿고, 의지하고, 복종하고, 섬기는 사람이다.

16:17. 바요나 시몬은 베드로의 본명인데, "요나의 아들"이라는 뜻이다. 예수님은 그 이름 대신에 "베드로"라는 새 이름을 주신다. 베드로는 반석이라는 뜻이다.

━▶ 생활 속으로
☼ 나는 언제부터 예수님을 그리스도라고 고백하기 시작하였는가?
☼ 지금 나에게 예수 그리스도는 누구이신가?
☼ 예수 그리스도를 믿지 않았다면, 나는 어떤 사람이 되었으리라고 생각하는가?

16:18-19. 예수님은 베드로가 한 고백을 기반으로 하여 교회를 세우시겠다고 말씀하신다. 교회는 건물이 아니라 교회 안에 있는 믿는 사람을 뜻한다. 교회 안에 있으면서 바위처럼 굳건한 믿음을 가진 사람들에게 천국의 열쇠가 약속된다. 천주교는 이 성경 구절을 교황제도의 시작으로 생각한다. 그러나 개신교는 이것을 베드로의 신앙고백으로만 생각한다.

"반석"은 하나님과 예수님을 의미한다.

"음부의 권세"는 사망의 권세와 하나님의 뜻을 거역하는 세력을 의미한다.

"천국 열쇠"는 받아들이고 배제할 수 있는 것을 상징한다. "네가 땅에서 무엇이든지 매면 하늘에서 매일 것이요 네가 땅에서 무엇이든지 풀면 하늘에서도 풀리라"는 교회가 할 수 있는 것과 교회가 할 수 없는 것을 의미한다.

예수님은 사람들이 나를 누구라 하느냐와 너희는 나를 누구라 하느냐 이 두 질문을 통하여 예수님의 메시야 모습을 말씀하고 계시는 것이며, 그뿐만 아니라 메시야의 성격을 말씀해 주고 계신 것이다.

➡ 생활 속으로

☼ 예수님이 직접 나에게 "너는 나를 누구라 하느냐"라고 물으신다면 나의 응답은 어떻게 나타날까?

16:21-28
죽음과 부활을 처음으로 이르시다

➡ 말씀 속으로 ◀━

16:21 이 때로부터 예수 그리스도께서 자기가 예루살렘에 올라가 장로들과 대제사장들과 서기관들에게 많은 고난을 받고 죽임을 당하고 제삼일에 살아나야 할 것을 제자들에게 비로소 나타내시니 22 베드로가 예수를 붙들고 항변하여 이르되 주여 그리 마옵소서 이 일이 결코 주께 미치지 아니하리이다 23 예수께서 돌이키시며 베드로에게 이르시되 사탄아 내 뒤로 물러 가라 너는 나를 넘어지게 하는 자로다 네가 하나님의 일을 생각하지 아니하고 도리어 사람의 일을 생각하는도다 하시고 24 이에 예수께서 제자들에게 이르시되 누구든지 나를 따라오려거든 자기를 부인하고 자기 십자가를 지고 나를 따를 것이니라 25 누구든지 제 목숨을 구원하고자 하면 잃을 것이요 누구든지 나를 위하여 제 목숨을 잃으면 찾으리라 26 사람이 만일 온 천하를 얻고도 제 목숨을 잃으면 무엇이 유익하리요 사람이 무엇을 주고 제 목숨과 바꾸겠느냐 27 인자가 아버지의 영광으로 그 천사들과 함께 오리니 그 때에 각 사람이 행한 대로 갚으리라 28 진실로 너희에게 이르노니 여기 서 있는 사람 중에 죽기 전에 인자가 그 왕권을 가지고 오는 것을 볼 자들도 있느니라.

16:21. 예수께서 처음으로 예루살렘에 올라가 죽임을 당하고 제삼일에 살아나야 할 것을 예고하신다. 기독교에서는 이것을 "수난예고"라는 전문용어를 사용한다. 이것은 예수께서 이 땅에 오셔서 하실 가장 핵심적인 사역의 내용이다. 예수님은 인류의 죄를 위하여 오신 분이시다. 그러나 예수님의 죽음은 그것이 끝이 아니다.

16:22-23. 베드로는 예수님의 죽음을 인간적인 차원에서 생각한다. 하나님의 구원 계획에는 십자가 없이 구원의 역사가 없다.

"사탄아 내 뒤로 물러 가라"는 내가 갈 길을 막지 말라는 뜻이다. 사탄은 하나님의 일을 방해하는 자이다. 하나님의 명령을 회피하고 인간의 욕구를 채우려 하는 마음은 사탄의 역사이다.

16:24. 예수님의 제자가 된다는 것은 예수님을 그리스도라고 고백하는 것이다. 예수님을 그리스도로 고백하는 길은 자기를 부인하고, 십자가를 지고, 예수님을 따르는 길이다. 자기 십자가를 진다는 것은 신앙생활 속에서 목숨을 다해 하나님의 뜻을 따르는 것을 의미한다. 그러므로 예수님의 제자가 된다는 것은 예수님의 고난에 동참하는 것이요, 하나님의 구원의 역사를 확신하는 것이다.

16:25-28. 크리스천이 된다는 것은 예수님이 주시는 생명을 얻는 것이다.

▶생활 속으로

☆ 제자의 길은 자기를 부인하고, 십자가를 지고, 예수님을 따르는 길이라고 한다. 나는 얼마만큼 예수님의 길을 따르고 있다고 생각하는가?

☆ 예수님이 특별하게 주시는 생명을 체험해 보았는가? 어떠한 체험이었는가?

◆◇◆◇◆

마태복음 17:1-23
산상변화와 수난예고

━▶ 주요 메시지

산상변화는 "이는 내 사랑하는 아들이요 내 기뻐하는 자니 너희는 저의 말을 들으라"는 하늘의 음성을 통해 메시야 이신 예수님의 정체성을 확인해 주는 것이다.

17:1-13
산상변화: 예수님이 영광스러운 모습으로 변형되시다

━▶ 말씀 속으로 ◀━

17:1 엿새 후에 예수께서 베드로와 야고보와 그 형제 요한을 데리시고 따로 높은 산에 올라가셨더니 2 그들 앞에서 변형되사 그 얼굴이 해 같이 빛나며 옷이 빛과 같이 희어졌더라 3 그 때에 모세와 엘리야가 예수와 더불어 말하는 것이 그들에게 보이거늘 4 베드로가 예수께 여쭈어 이르되 주여 우리가 여기 있는 것이 좋사오니 만일 주께서 원하시면 내가 여기서 초막 셋을 짓되 하나는 주님을 위하여, 하나는 모세를 위하여, 하나는 엘리야를 위하여 하리이다 5 말할 때에 홀연히 빛난 구름이 그들을 덮으며 구름 속에서 소리가 나서 이르시되 이는 내 사랑하는 아들이요 내 기뻐하는 자니 너희는 그의 말을 들으라 하시는지라 6 제자들이 듣고 엎드려 심히 두려워하니 7 예수께서 나아와 그들에게 손을 대시며 이르시되 일어나라 두려워하지 말라 하시니 8 제자들이 눈을 들고 보매 오직 예수 외에는 아무도 보이지 아니하더라 9 그들이 산에서 내려올 때에 예수께서 명하여 이르시되 인자가 죽은 자 가운데서 살아나기 전에는 본 것을 아무에게도 이르지 말라 하시니 10 제자들이 물어 이르되 그러면 어찌하여 서기관들이 엘리야가 먼저 와야 하리라 하나이까 11 예수께서 대답하여 이르시되 엘리야가 과연 먼저 와서 모든 일을 회복하리라 12 내가 너희에게 말하노니 엘리야가 이미 왔으되 사람들이 알지 못하고 임의로 대우하였도다 인자도 이와 같이 그들에게 고난을 받으리라 하시니 13 그제서야 제자들이 예수께서 말씀하신 것이 세례 요한인 줄을 깨달으니라.

17:1. 예수님은 베드로와 야고보와 그 형제 요한을 데리고 따로 높은 산에 올라가셨다. 여기서 말하는 높은 산에 대하여는 학자들 간에 의견을 일치하지 못하고 있지만 갈릴리 호수 북쪽에 있는 헤르몬 산이라고 말하는 이들이 제일 많다. 헤르몬 산은 9,100 피트가 되는 높은 산인데, 산상변화가 이 산에서 일어났다고 생각하는 사람들이 더 많다. 그러나 이 높은 산이 어느 산이든 예수님은 기도하기 위하여 산에 오르신 것만은 분명하다 (눅 9:28).
"엿새 후"는 예수님이 죽임을 당하실 것이라고 말씀하신 이후이다 (마 16:13-20).

17:2. 예수님의 "얼굴이 해 같이 빛나며"는 그가 하늘의 존재라는 뜻이다.

17:3. "모세"는 제사장을 대표하는 인물이고, "엘리야"는 선지자를 대표하는 인물이다. 그래서 가장 위대한 제사장과 가장 위대한 선지자가 나타나 예수님은 그리스도(메시야)이심을 확인해 주는 장면이다.

모세와 엘리야가 예수님과 더불어 말하는 것을 제자들이 보았다는 것은 예수님 당시 율법(모세)과 예언서(엘리야)만이 성경으로 되어 있던 시대인만큼 성경이 그리스도이신 예수님을 예언해 왔다는 것을 입증하여 주는 것이다. 그뿐만이 아니다. "모세와 엘리야"가 나타나면 유대인들에게는 그리스도(메시야)의 시대가 시작되었다는 징표이기도 하다. 그러한 의미에서 엘리야와 모세가 언급되는 이유는 예수님이 구약성경을 성취하시는 분이심을 의미하는 것이다.

17:4. 베드로는 산 위에 초막 셋을 짓자고 제안한다. 그러나 산상변화는 예수님이 고난과 죽음 때문에 영광을 받으시게 될 분이지 예수님의 모습이 변했다고 해서 영광을 받으시게 될 분이 아님을 베드로는 이해하지 못했다.

17:5. 산상변화에서 예수님은 "하나님의 아들"이심이 확인된다. 마태복음은 여러 번에 걸쳐 예수님이 하나님의 아

들이심을 선포하였고 (3:17; 11:27; 14:33), 앞으로도 선포하게 될 것이다 (27:54).

17:6-8. 예수님은 엿새 전에 당신이 십자가에 달려 돌아가실 것을 예고하셨다. 마태복음은 높은 산 구름 속에서 들려오는 하나님의 음성을 통하여 예수님은 하나님의 아들로서 앞으로 십자가를 지고 부활하실 분이심을 다시 한 번 확실하게 확인시켜 주는 것이다.

누가복음에서는 노골적으로 모세와 엘리야가 예수께서 예루살렘에서 "별세하실 것"이라고 말한다 (눅 9:31). 여기서 "별세하실 것"이라는 헬라어는 "출애굽"(exodus)과 같은 단어이다. 예수님의 죽으심이 이스라엘 백성을 애굽에서 해방시키는 것과 같은 맥락에서 말하는 것이다. 예수님의 죽으심은 그를 믿는 사람들에게 "출애굽"(구원)을 체험할 수 있는 은혜의 수단이 되는 것이다.

17:9-13. 아무리 은혜를 많이 받는 곳이라고 하더라도 크리스천들은 그 자리에 머물러 있을 수 없다. 세상 속으로 들어가 체험한 내용을 기반으로 하여 그리스도를 증거해야 한다. 제자들은 어찌하여 서기관들이 엘리야가 먼저 와야 하느냐고 묻는다. 예수께서는 엘리야가 과연 먼저 와서 모든 일을 회복해야 하는 것은 분명한데, 엘리야가 이미 왔으나 사람들이 그를 알지 못했다고 대답하신다. 그가 세례 요한이라는 것이다.

17:14-20. 예수님이 세 제자와 함께 변화산에서 내려오실 때에 한 간질병환자 아버지가 예수께 와서 꿇어 엎드리며 자신의 아들이 간질로 심히 고생하니 "불쌍히" 여겨달라고 간청한다. 자신의 아들을 예수님의 제자들에게 데리고 왔으나 그들이 간질병을 고쳐 주지 못하더라는 것이다. 그 때 예수님이 그 간질병환자를 고쳐 주신다.

그 때 제자들이 예수님에게 조용히 묻는다. "우리는 어찌하여 쫓아내지 못하였나이까." 예수님의 답은 간단하다.

"너희 믿음이 작은 까닭이니라." 제자들은 믿음이 없기 때문에 예수께서 제자들을 부르셨을 때 주신 사명을 성취하지 못하고 있는 것이다. 예수께서 제자들을 부르신 목적은 예수님과 함께하고, 병든 자를 고쳐 주고, 귀신을 내쫓는 일이었다. 믿음이 없기 때문에 제자들은 예수님이 그들과 함께하고 계시다는 자체를 기억하지 못하고 있다.

▶생활 속으로

☼ 산상기도에서 하나님의 음성을 들은 체험을 해 보았는가?
☼ 은혜 받은 사람은 세상 속에 들어가 그리스도를 증거해야 할 책임이 있음을 산상변화 이야기를 통하여 말해 준다. 내가 받은 은혜를 제일 먼저 나눈 사람은 누구였는가?

17:22-23
죽음과 부활을 다시 이르시다

▶말씀 속으로◀

17:22 갈릴리에 모일 때에 예수께서 제자들에게 이르시되 인자가 장차 사람들의 손에 넘겨져 23 죽임을 당하고 제삼일에 살아나리라 하시니 제자들이 매우 근심하더라.

이것은 두 번째 수난예보이다. 첫 번째 예보 16:21-23에서 제자들은 예수님의 고난과 죽음만 생각하고 저항하는 모습을 보였다 (16:22). 제자들은 고난받으러 이 세상에 오신 참 예수님을 알지 못했다. 두 번째 예보에서도 그들은 예수님의 죽음에만 신경을 쓰고 부활의 기쁜 소식을 알지 못한다. 그러나 최소한 저항하던 모습에서 매우 근심하는 쪽으로 변했다 (17:23). 그들이 성장하기는 했어도 아직도 예수님에 대하여 오해하고 있었다. 조만간에 그들은 기쁜 진리를 체험하게 될 것이다.

마태복음 18:15-22
용서하는 삶

➡ 말씀 속으로 ⬅

18:15 네 형제가 죄를 범하거든 가서 너와 그 사람과만 상대하여 권고하라 만일 들으면 네가 네 형제를 얻은 것이요 어떤 사본에, 네게 죄를 16 만일 듣지 않거든 한두 사람을 데리고 가서 두세 증인의 입으로 말마다 확증하게 하라 17 만일 그들의 말도 듣지 않거든 교회에 말하고 교회의 말도 듣지 않거든 이방인과 세리와 같이 여기라 18 진실로 너희에게 이르노니 무엇이든지 너희가 땅에서 매면 하늘에서도 매일 것이요 무엇이든지 땅에서 풀면 하늘에서도 풀리리라 19 진실로 다시 너희에게 이르노니 너희 중의 두 사람이 땅에서 합심하여 무엇이든지 구하면 하늘에 계신 내 아버지께서 그들을 위하여 이루게 하시리라 20 두세 사람이 내 이름으로 모인 곳에는 나도 그들 중에 있느니라 21 그 때에 베드로가 나아와 이르되 주여 형제가 내게 죄를 범하면 몇 번이나 용서하여 주리이까 일곱 번까지 하오리이까 22 예수께서 이르시되 네게 이르노니 일곱 번뿐 아니라 일곱 번 일흔 번까지라도 할지니라.

이 부분은 교회를 떠난 사람들에게 죄를 깨닫게 해주고, 회개하도록 도와주고, 궁극적으로는 다시 공동체 회원이 될 수 있도록 도와주는 것이 목적이다. 그러면 믿음의 공동체가 어떻게 도와주면 되는 것일까?

첫째로, 개인적으로 가서 상대자에게 권고하라 (15절).

둘째로, 듣지 않으면 한두 사람을 데리고 가서 말하라 (16절).

셋째로, 그래도 듣지 않으면 교회에 말하라 (17절).

넷째로, 교회의 말도 듣지 않으며 이방인과 세리와 같이 여기라 (16-17절).

땅에서나 하늘에서 맬 수 있는 힘은 사랑이다. 크리스천은 예수께서 주의 기도를 통하여 "뜻이 하늘에서 이루어진 것

같이 땅에서도 이루어지이다"라고 가르쳐 주신 것처럼 하늘과 땅이 연결되는 삶을 사는 사람이다. 그러므로 크리스천은 하나님의 사랑을 이웃과 나누어야 하는 사람이다. 그래서 예수님은 "너희가 땅에서 매면 하늘에서도 매일 것이요 무엇이든지 땅에서 풀면 하늘에서도 풀리리라"고 말씀해 주시는 것이다.

베드로가 일곱 번까지 용서하오리까라고 말한 데는 이유가 있었다. 이 당시 랍비들에게는 형제가 잘못을 범했을 때 세 번까지는 용서해 주어야 한다는 통례가 있었다. 그래서 베드로는 그것의 배나 되는 일곱 번은 충분하리라고 생각하고 예수께 물었던 것이다. 그러나 베드로가 물은 질문에 대한 예수님의 대답은 용서에는 제한이 없다는 것이다. 용서는 하나님의 것이기 때문에 제한이 없다. 용서의 성격은 은혜와 같다.

━▶생활 속으로

☼ 용서해 준다는 의미는 무엇인가?
☼ 머리로는 용서의 의미를 아는데 왜 마음으로는 용서해 주기가 그렇게 힘들까?
☼ 세상에서 가장 가까운 부부 간에도 한 번 싸운 후 용서해 주었다고 말을 하면서도 다음에 싸울 때 왜 용서해 준 내용을 다시 언급하게 되는가?
☼ 우리 교회는 교회 내에서 덕을 끼치지 못하는 사람들을 어떻게 대하고 있는가?

마태복음 19:16-30
천국과 재물

━▶ 주요 메시지
19:16. 선생님이여 내가 무슨 선한 일을 하여야 영생을 얻으리이까.

━▶ 말씀 속으로 ◀━

19:16 어떤 사람이 주께 와서 이르되 선생님이여 내가 무슨 선한 일을 하여야 영생을 얻으리이까 17 예수께서 이르시되 어찌하여 선한 일을 내게 묻느냐 선한 이는 오직 한 분이시니라 네가 생명에 들어 가려면 계명들을 지키라 18 이르되 어느 계명이오니이까 예수께서 이르시되 살인하지 말라, 간음하지 말라, 도둑질하지 말라, 거짓 증언하지 말라, 19 네 부모를 공경하라, 네 이웃을 네 자신과 같이 사랑하라 하신 것이니라 20 그 청년이 이르되 이 모든 것을 내가 지키었사온대 아직도 무엇이 부족하니이까 21 예수께서 이르시되 네가 온전하고자 할진대 가서 네 소유를 팔아 가난한 자들에게 주라 그리하면 하늘에서 보화가 네게 있으리라 그리고 와서 나를 따르라 하시니 22 그 청년이 재물이 많으므로 이 말씀을 듣고 근심하며 가니라.

마태복음과 마가복음과 누가복음은 똑같이 어떤 사람이 영생에 대하여 질문하기 바로 전에 어린 아이를 예수께 데리고 오는 이야기를 소개한다. 그리고 영생에 관한 이야기가 나온 후에 예수께서 세 번째로 수난예고의 말씀하시는 것을 소개한다. 왜 이러한 순서를 따르고 있는 것일까?

누가복음이 말하는 것처럼 "누구든지 하나님의 나라를 어린 아이와 같이 받아들이지 않는 자는 결단코 거기 들어가지 못하"기 때문이다. 하늘나라는 하나님께 얼마나 의존하느냐에 달려 있는 것이다.

19:16. 그러나 예수님을 찾아 온 청년은 교육을 받은 사람이요 재물이 많은 사람이라 하나님보다는 자신을 더 신뢰

하는 사람이다. 그 청년이 예수께 묻는다. "선생님이여 무슨 선한 일을 하여야 영생을 얻으리이까."

마태복음에서는 영생에 대하여 세 번 언급한다 (19:16; 19:29; 25:46).

영생은 하나님을 전적으로 의존하는 것으로부터 시작되는 것이지 자신의 교육이나 재물이나 직책과는 전혀 관계가 없는 것이다.

영생은 하나님의 생명 자체를 의미한다.

영생은 예수 그리스도가 생명을 주시는 분이라는 것과 관련되어 있는 것이다.

영생은 변화된 삶이다.

영생은 하나님께 속하여 하나님과 함께 사는 삶이다.

영생은 인간의 힘으로 파괴할 수 없는 것이다.

영생의 반대는 죽음이 아니라 죄이다.

영생은 예수님을 믿는 사람들이 가지고 있는 질적인 삶의 특권, 행복, 기쁨, 만족, 평화, 마음의 평화이다 (하나님의 사랑과 보살핌을 재현하는 것).

예수님은 그 청년에게 생명에 들어가려면 계명을 지키라고 말씀하신다. 왜냐하면 십계명을 지킨다는 것은 하나님을 경외한다는 뜻이요, 하나님과 맺은 언약을 지키며 살아가고 있다는 뜻이요, 생명을 얻는 길이기 때문이다.

그 때 이 청년은 이 모든 것을 내가 지켰는데 아직도 무엇이 부족하냐고 예수께 묻는다. "예수께서 이르시되 네가 온전하고자 할진대 가서 네 소유를 팔아 가난한 자들에게 주라 그리하면 하늘에서 보화가 네게 있으리라 그리고 와서 나를 따르라"고 말씀하신다. 이것을 다르게 표현하면, "네 이웃을 네 몸과 같이 사랑하라"는 것이다. 그 청년은 재물이 많으므로 이 말씀을 듣고 근심하며 돌아간다. 영생은 하나님과의 관계에서만 끝나는 것이 아니다. 영생은 이웃과도 관련되어 있는 것이다. 즉, 영생은 하나님의 생명을 이웃과 나누는 것이지 추상적으로 죽은 후에 천국에서 영원히 사는 것만이 아니다. 이 청년의 가치관은 예수님의 가치관과 다르다. 이 청년은 십계명을 지키고, 구제하며, 종교의 관습을 따르면 신앙생활을 하는 것이라고 생각했다. 그러나 이것이 천국 시민의 자격을 결정하는 것이 아니다. 예수님은 천국은 이 세상과 전적으로 다르다는 사실을 가르쳐 주신다.

하나님의 나라에 들어가 영생하는 복을 받기를 원하는 사람은 먼저 이 땅에서 하나님의 나라를 이루는 삶을 살아야 한다. 그것은 바로 재물을 하나님으로 삼지 말고, 끊임없이 가난한 사람들을 도와주고, 필요한 사람들에게 나누어주며 하나님의 자비와 사랑을 실천하며 살아가야 하는 것이다. 그렇게 살아 간다면 하나님께서 그런 사람을 영원한 하나님 나라로 영접해 주실 것이다.

▶ 생활 속으로

☼ 나는 영생을 체험한 사람인가?
☼ 영생을 체험한 사람의 모습은 어떻게 나타나는가?
☼ 재물이 많은 사람은 천국에 들어갈 수 없다고 하는데, 얼마 만큼의 재물이 있어야 많은 재물일까? 나는 재물이 있는 사람에 속하는가 아니면 재물이 없는 사람에 속하는가?
☼ 재물이 천국 가는데 이슈가 된다면 잘 사는 나라 사람들은 다 천국에 가지 못하고, 못사는 나라 사람들은 천국 가게 되는가? 재물에 대하여 어떻게 생각하는가?
☼ 감리교회를 시작한 요한 웨슬리 목사의 재물관은 21세기에 사는 우리에게 한 번 생각해 볼 수 있는 기회를 준다. 열심히 돈을 벌어라. 열심히 저금하라. 열심히 남을 위해 쓰라. 지금 나의 재물관은 무엇인가?

마태복음 20:1-28
포도원의 품꾼들과 수난예고

➡ 주요 메시지
20:13. 친구여 내가 네게 잘못한 것이 없노라 네가 나와 한 데나리온의 약속을 하지 아니하였느냐.

20:1-16
포도원의 품꾼들

➡ 말씀 속으로 ◀━

20:1 천국은 마치 품꾼을 얻어 포도원에 들여보내려고 이른 아침에 나간 집 주인과 같으니 2 그가 하루 한 데나리온씩 품꾼들과 약속하여 포도원에 들여보내고 3 또 제삼시에 나가 보니 장터에 놀고 서 있는 사람들이 또 있는지라 4 그들에게 이르되 너희도 포도원에 들어가라 내가 너희에게 상당하게 주리라 하니 그들이 가고 5 제육시와 제구시에 또 나가 그와 같이 하고 6 제십일시에도 나가 보니 서 있는 사람들이 또 있는지라 이르되 너희는 어찌하여 종일토록 놀고 여기 서 있느냐 7 이르되 우리를 품꾼으로 쓰는 이가 없음이니이다 이르되 너희도 포도원에 들어가라 하니라 8 저물매 포도원 주인이 청지기에게 이르되 품꾼들을 불러 나중 온 자로부터 시작하여 먼저 온 자까지 삯을 주라 하니 9 제십일시에 온 자들이 와서 한 데나리온씩을 받거늘 10 먼저 온 자들이 와서 더 받을 줄 알았더니 그들도 한 데나리온씩 받은지라 11 받은 후 집 주인을 원망하여 이르되 12 나중 온 이 사람들은 한 시간밖에 일하지 아니하였거늘 그들을 종일 수고하며 더위를 견딘 우리와 같게 하였나이다 13 주인이 그 중의 한 사람에게 대답하여 이르되 친구여 내가 네게 잘못한 것이 없노라 네가 나와 한 데나리온의 약속을 하지 아니하였느냐 14 네 것이나 가지고 가라 나중 온 이 사람에게 너와 같이 주는 것이 내 뜻이니라 15 내 것을 가지고 내 뜻대로 할 것이 아니냐 내가 선하므로 네가 악하게 보느냐 16 이와 같이 나중 된 자로서 먼저 되고 먼저 된 자로서 나중 되리라.

이 비유는 노동 임금을 지불하는 방법에 대한 경제적 이슈가 아니라, 하나님의 은혜에 관한 비유이다. 하나님은 하루에 필요한 충분한 은혜를 차별 없이 똑같이 주신다. 우리가 주님을 위하여 이만큼 일을 했는데 주님이 우리를 알아주시겠지라고 말을 한다면, 포도원 주인에게 원망하는 품꾼과 같은 생각을 하고 있는 사람들이다.

예수님 당시 한 데나리온은 하루의 임금에 해당되는 돈이었다. 오늘의 시간으로 삼시는 오전 9시, 육시는 정오 12시, 구시는 오후 3시, 십일시는 오후 5시이다.

"포도원 주인"은 하나님이고, 포도원 주인의 관심은 품꾼에게 있지, 포도 농작 자체에 있지 않다. 인간은 남과 비교할 때에 불평이 생긴다. 하나님은 하나님의 뜻대로 그의 절대권한을 행사할 수 있으시다. 하나님의 질서와 인간의 질서는 다르다. 인간은 규례와 제도를 따르는 것이 편하지만, 하나님은 은혜로 역사하신다.

20:13. 품삯은 포도원으로 초청한 포도원 주인과 품꾼이 미리 합의를 본 것이다. 하나님은 의로우시고 신실하신 하나님이시다. 그리고 하나님은 약속을 지키시는 하나님이시다. 그러나 포도원 품꾼은 자신이 받은 품삯이 남보다 작다고 생각이 들었을 때, 노골적으로 초청한 포도원 주인에게 원망을 하였다.

➡ 생활 속으로

☼ 포도원 품꾼들이 포도원 주인의 부름을 받아 일을 했을 때에는 아무 불평이 없다가 다른 품꾼들과 자신을 비교할 때부터 불평이 생겼다. 나는 무엇과 혹은 누구와 나를 비교할 때 불평을 제일 많이 하게 되는가?
☼ 삶이 불공평하다고 느껴 본 적이 있는가? 어떤 경우였는가?
☼ 포도원 주인이 이런 일이 있은 다음날 다시 품꾼들을 부르면 어떤 현상이 일어날까?

20:17-28
죽음과 부활을 세 번째로 이르시다

━━▶ 말씀 속으로 ◀━━

20:17 예수께서 예루살렘으로 올라가려 하실 때에 열두 제자를 따로 데리시고 길에서 이르시되 18 보라 우리가 예루살렘으로 올라가노니 인자가 대제사장들과 서기관들에게 넘겨지매 그들이 죽이기로 결의하고 19 이방인들에게 넘겨 주어 그를 조롱하며 채찍질하며 십자가에 못 박게 할 것이나 제삼일에 살아나리라 20 그 때에 세베대의 아들의 어머니가 그 아들들을 데리고 예수께 와서 절하며 무엇을 구하니 21 예수께서 이르시되 무엇을 원하느냐 이르되 나의 이 두 아들을 주의 나라에서 하나는 주의 우편에, 하나는 주의 좌편에 앉게 명하소서 22 예수께서 대답하여 이르시되 너희는 너희가 구하는 것을 알지 못하는도다 내가 마시려는 잔을 너희가 마실 수 있느냐 그들이 말하되 할 수 있나이다 23 이르시되 너희가 과연 내 잔을 마시려니와 내 좌우편에 앉는 것은 내가 주는 것이 아니라 내 아버지께서 누구를 위하여 예비하셨든지 그들이 얻을 것이니라 24 열 제자가 듣고 그 두 형제에 대하여 분히 여기거늘 25 예수께서 제자들을 불러다가 이르시되 이방인의 집권자들이 그들을 임의로 주관하고 그 고관들이 그들에게 권세를 부리는 줄을 너희가 알거니와 26 너희 중에는 그렇지 않아야 하나니 너희 중에 누구든지 크고자 하는 자는 너희를 섬기는 자가 되고 27 너희 중에 누구든지 으뜸이 되고자 하는 자는 너희의 종이 되어야 하리라 28 인자가 온 것은 섬김을 받으려 함이 아니라 도리어 섬기려 하고 자기 목숨을 많은 사람의 대속물로 주려 함이니라.

예수님은 예루살렘에 올라가서 수난을 겪게 될 것을 세 번째로 예보하신다. 마가복음에서는 세 번 다 단순하게 "죽임을 당할 것"이라고 언급하고 있지만, 마태복음에 있는 이 세 번째 예보에서는 (16:21; 17:22-23) "조롱하며," "채찍질하며," "십자가에 못 박게 할 것"이라고 고난받는 과정을 구체적으로 표현한다. 예수님은 그저 힘 없이 죽음을 당하시는 분이 아니라 하나님의 계획에 동참하시는 분이시다.

마태복음 수난예보는 일종의 패턴을 보여주는데, 세 예보가 다 같은 패턴으로 (1) 예수님의 수난예보가 있은 후, (2)

제자들이 그 예보를 이해하지 못하거나 오해하고, (3) 그 다음에 예수께서 가르치시는 내용이 나온다.

20:20-21. 이 곳에서는 세베대의 아들들의 어머니가 두 아들을 데리고 와서 예수께 요청하지만, 마가복음에는 요한과 야고보가 직접 예수님께 요청하는 것으로 기록되어 있다 (막 10:35-45). "나의 이 두 아들을 주의 나라에서 하나는 주의 우편에, 하나는 주의 좌편에 앉게 명하소서."

20:22. 예수님은 너희가 구하는 것을 알지 못한다고 대답하시며, 내가 마시려는 잔을 너희가 마실 수 있느냐 물으신다. 다시 말해, 예수님과 함께 고난을 당하고 죽을 각오가 서 있느냐는 말씀이다.

20:23. 예수님과 함께 고난을 받고 죽음을 각오하는 사람이 예수님의 좌우편에 앉을 수 있는데, 예수님 좌우편에 앉는 것은 하나님이 결정하시는 것이다.

20:24-28. 야고보와 요한의 어머니의 요구를 듣던 다른 제자들은 화가 치밀어 그 두 제자에게 화를 냈다. 다른 제자들도 예수님의 참 고난의 의미를 아직 알지 못하고 있다는 뜻이다. "이방인의 집권자"는 세상 집권자이고, "제자"는 섬기는 자, 종이다.

28절은 이사야 53:12에 근거하여 십자가의 의미를 말하는 것이다. "대속물로 주려 함이니라." 예수 그리스도를 통하여 우리가 하나님께 지은 죄를 다 용서받았다.

▶생활 속으로

☼ 예수님은 자신이 십자가에서 고난당하실 것을 세 번씩이나 제자들에게 진지하게 알려 주시는데 제자들은 계속 예수님의 참 뜻을 이해하지 못하고 있다. 제자들이 예수님을 이해하지 못하게 만드는 가장 큰 원인은 무엇이라고 생각하는가?

☼ 예수님은 나에게 십자가의 의미에 대하여 몇 번을 말해야 내가 이해할 수 있게 될까?

마태복음 21:1-25:46
고난주간 첫째 날과 둘째 날

21:1-17
고난주간 첫째 날 (월요일)

━━▶ 주요 메시지

월요일에는 예루살렘 입성, 성전 숙청 사건이 일어난다.

21:1-11—예루살렘 입성

━━▶ 말씀 속으로 ◀━━

21:1 그들이 예루살렘에 가까이 가서 감람 산 벳바게에 이르렀을 때에 예수께서 두 제자를 보내시며 2 이르시되 너희는 맞은편 마을로 가라 그리하면 곧 매인 나귀와 나귀 새끼가 함께 있는 것을 보리니 풀어 내게로 끌고 오라 3 만일 누가 무슨 말을 하거든 주가 쓰시겠다 하라 그리하면 즉시 보내리라 하시니 4 이는 선지자를 통하여 하신 말씀을 이루려 하심이라 일렀으되 5 시온 딸에게 이르기를 네 왕이 네게 임하나니 그는 겸손하여 나귀, 곧 멍에 메는 짐승의 새끼를 탔도다 하라 하였느니라 6 제자들이 가서 예수께서 명하신 대로 하여 7 나귀와 나귀 새끼를 끌고 와서 자기들의 겉옷을 그 위에 얹으매 예수께서 그 위에 타시니 8 무리의 대다수는 그들의 겉옷을 길에 펴며 다른 이들은 나뭇가지를 베어 길에 펴고 9 앞에서 가고 뒤에서 따르는 무리가 소리 높여 이르되 호산나 다윗의 자손이여 찬송하리로다 주의 이름으로 오시는 이여 가장 높은 곳에서 호산나 하더라 10 예수께서 예루살렘에 들어가시니 온 성이 소동하여 이르되 이는 누구냐 하거늘 11 무리가 이르되 갈릴리 나사렛에서 나온 선지자 예수라 하니라.

사복음서는 다 예수님이 예루살렘에 입성하시는 장면에 대하여 기록한다. 이 때는 유월절 바로 직전 주일이다. 기독교에서는 이 주간을 고난주간으로 지키고 있다. 예수님은 건너편 마을에 들어가 나귀와 나귀 새끼가 매여 있는 것을 보면 가지고 오라고 하셨는데, 그는 왜 이렇게 예루살렘에 입성하시는 것일까? 그 이유는 예수님은 구약성경의 예언을 성취하시는 것으로 믿으셨기 때문이다.

21:1. "벳바게"는 예루살렘에서 2마일쯤 떨어진 곳이다. 베다니와 같은 곳이다. 오늘날은 "엘아자리에"라고 불리고 가난한 자의 집이라는 뜻이다.

21:2-3. "나귀와 나귀 새끼"를 타는 것은 겸손(혹은 온유)을 상징하는 것이다. 3절은 미리 나귀를 준비해 두었던 것이 아니라, 하나님의 계획과 뜻 아래 모든 것이 순조롭게 이루어지고 있다는 것이다. 이것은 믿음의 눈으로만 이해할 수 있다. 마가복음과 누가복음은 나귀 한 마리만 언급되어 있는데 마태복음에는 두 마리가 언급되어 있다.

21:4-5. "시온 딸에게 이르기를 네 왕이 네게 임하나니 그는 겸손하여 나귀, 곧 멍에 메는 짐승의 새끼를 탔도다 하라 하였느니라" (슥 9:9). 예수님의 예루살렘 입성은 구약성경의 예언을 성취하는 것이다.

21:8-9. 예수께서 나귀 새끼 위에 타시고 예루살렘에 입성하실 때, 무리의 대다수는 그들의 겉옷을 길에 펴고 다른 이들은 나뭇가지를 베어 길에 펴고 앞에서 가고 뒤에서 따르는 무리가 소리 높여 "호산나 다윗의 자손이여" 하며 찬송하였다. 우리가 일반적으로 예수께서 예루살렘에 입성하였을 때 무리가 종려나무 가지를 흔들었다고 생각하는 것은 요한복음 12:13의 표현 때문이다.

"호산나"는 "우리를 구원하여 주소서"라는 뜻이다. 또한 호산나는 "찬송하리로다, 주의 이름으로 오시는 이여"와 동일한 뜻이다. 그리고 시편에서 여호와여 구하옵소서(시 118:25)라고 외치는 것과 같은 표현이다.

예수님을 부른 호칭들, "왕," "다윗의 자손," "주의 이름으로 오시는 이"는 모두 메시야와 관련해서 일반적으로 사용되던 호칭들이다.

21:10-11. "소동"은 지진으로 인하여 땅이 깨진 것을 의미하는 단어이다. 영어의 지진이라는 단어 싸이즈믹(seismic)도 헬라어 소동에서 나온 단어이다. 마태복음은 예수님이 예루살렘에 입성하셨을 때, 주민들이 예루살렘 성이 흔들릴 정도로 호산나를 외치며 예수님을 환영했다는 뜻이다.

➡️ 생활 속으로
☼ 호산나의 뜻을 다시 생각하며 나의 구세주이신 예수님과 나의 관계를 점검해 보자.
☼ 예수님은 하나님의 아들이시며 그리스도이시지만 겸손하게 나귀를 타고 앞으로 일어날 일들을 다 아시고 예루살렘에 입성하셨다. 내가 예루살렘에 가면 죽게 된다는 것을 알면서도 하나님께서 맡겨 주신 사명을 이수하기 위해 가서 죽어야 하겠다고 확신하는 사명감은 무엇인가? (예로, 선교사가 어려움을 각오하고 선교지로 떠나는 것.)
☼ 호산나를 부르며 예수님을 열렬히 환영하던 무리가 며칠 있으면 예수님을 십자가에 못 박으라고 함성을 지를 것이다. 혹시 나의 삶 속에서 예수님은 나의 기대에 미치지 못하는 사람이라는 생각이 들어 다른 방책을 구해 보지는 않는가?

21:18—25:46
고난주간 둘째 날 (화요일)

➡️ 주요 메시지
고난주간 둘째 날에는 여러 사건이 일어난다. 예수께서 무화과나무를 저주하시고, 두 아들에 대한 비유, 포도원 농부의 비유, 혼인 잔치 비유를 말씀하시고, 바리새인이 세금으로 예수님을 시험하고, 사두개인과의 부활 논쟁이 있고, 큰 계명, 재림과 심판에 대하여 가르치셨다. 이 중에서 몇 사건에 대해서만 언급하려 한다.

22:34-40
가장 큰 계명

➡ 말씀 속으로 ⬅

22:34 예수께서 사두개인들로 대답할 수 없게 하셨다 함을 바리새인들이 듣고 모였는데 35 그 중의 한 율법사가 예수를 시험하여 묻되 36 선생님 율법 중에서 어느 계명이 크니이까 37 예수께서 이르시되 네 마음을 다하고 목숨을 다하고 뜻을 다하여 주 너의 하나님을 사랑하라 하셨으니 38 이것이 크고 첫째 되는 계명이요 39 둘째도 그와 같으니 네 이웃을 네 자신 같이 사랑하라 하셨으니 40 이 두 계명이 온 율법과 선지자의 강령이니라.

지금까지 사두개인들(예루살렘 성전과 관련된 성직자들 또는 정치인들)과 바리새인들(율법에 따라 철저한 신앙생활을 하던 평신도들)이 예수님을 여러 차례 도전하였을 뿐만 아니라 거부반응을 노골적으로 보여주었다. 이번에는 한 율법사가 예수께 묻는다. 율법 중에서 어느 계명이 크니이까? 율법사는 오늘의 표현으로 말하면 성경 학자이다.

구약성경에는 613개의 계명이 있다. 그 중 248개(몸과 관계)는 긍정적인 것이고, 365개(날과 절기와 관계)는 부정적인 것으로 되어 있다. 그러나 율법사들에게는 율법이 긍정적이든 부정적이든 다 똑같은 것으로 여겼다. 율법사는 예수님이 율법을 어떻게 생각하고 있는가를 시험하는 것 같다. 이번에는 바리새인들이 성경 전문가들을 예수께 보내어 시험한다.

22:36. "선생님 율법 중에서 어느 계명이 크니이까?"

22:37-39. 예수님은 하나님을 사랑하고 이웃을 사랑하라는 계명으로 율법을 요약하여 율법사에게 말해 주신다. 궁극적으로 하나님을 사랑하는 것이 이웃을 사랑하는 것이 되어야 하고, 이웃을 사랑하는 것이 하나님을 사랑하는 것이 되어야 한다는 뜻이다. 하나님을 사랑한다고 하면서 이웃을 미워할 수는 없는 것이기 때문이다 (요일 4:20-21). 성경에서 말하는 사랑은 감정보다는 헌신에 더 가깝다.

━▶생활 속으로

☼ 신앙생활을 하는데 우리는 교회 안에서의 생활과 교회 밖에서의 생활이 너무 차이가 나고 있음을 알고 있다. 이것은 바로 하나님 사랑과 이웃 사랑이 연결되지 못하는 증거가 아닐까? 어떻게 하면 이 둘을 연결시킬 수 있을까?

☼ 어떻게 하나님을 섬기는 것이 마음을 다하고 목숨을 다하고 뜻을 다하는 섬김일까?

25:14-30
달란트 비유

━▶말씀 속으로◀━

25:14 또 어떤 사람이 타국에 갈 때 그 종들을 불러 자기 소유를 맡김과 같으니 15 각각 그 재능대로 한 사람에게는 금 다섯 달란트를, 한 사람에게는 두 달란트를, 한 사람에게는 한 달란트를 주고 떠났더니 16 다섯 달란트 받은 자는 바로 가서 그것으로 장사하여 또 다섯 달란트를 남기고 17 두 달란트 받은 자도 그같이 하여 또 두 달란트를 남겼으되 18 한 달란트 받은 자는 가서 땅을 파고 그 주인의 돈을 감추어 두었더니 19 오랜 후에 그 종들의 주인이 돌아와 그들과 결산할새 20 다섯 달란트 받았던 자는 다섯 달란트를 더 가지고 와서 이르되 주인이여 내게 다섯 달란트를 주셨는데 보소서 내가 또 다섯 달란트를 남겼나이다 21 그 주인이 이르되 잘하였도다 착하고 충성된 종아 네가 적은 일에 충성하였으매 내가 많은 것을 네게 맡기리니 네 주인의 즐거움에 참여할지어다 하고 22 두 달란트 받았던 자도 와서 이르되 주인이여 내게 두 달란트를 주셨는데 보소서 내가 또 두 달란트를 남겼나이다 23 그 주인이 이르되 잘하였도다 착하고 충성된 종아 네가 적은 일에 충성하였으매 내가 많은 것을 네게 맡기리니 네 주인의 즐거움에 참여할지어다 하고 24 한 달란트 받았던 자는 와서 이르되 주인이여 당신은 굳은 사람이라 심지 않은 데서 거두고 헤치지 않은 데서 모으는 줄을 내가 알았으므로 25 두려워하여 나가서 당신의 달란트를 땅에 감추어 두었었나이다 보소서 당신의 것을 가지셨나이다 26 그 주인이 대답하여 이르되 악하고 게으른 종아 나는 심지 않은 데서 거두고 헤치지 않은 데서 모으는 줄로 네가 알았느냐 27 그러면 네가 마땅히 내 돈을 취리하는 자

들에게나 맡겼다가 내가 돌아와서 내 원금과 이자를 받게 하였을 것이니라 하고 28 그에게서 그 한 달란트를 빼앗아 열 달란트 가진 자에게 주라 29 무릇 있는 자는 받아 풍족하게 되고 없는 자는 그 있는 것까지 빼앗기리라 30 이 무익한 종을 바깥 어두운 데로 내쫓으라 거기서 슬피 울며 이를 갈리라 하니라.

마태복음 25장에는 우리에게 잘 알려진 오늘과 예수님의 재림 사이에 사는 크리스천의 삶에 대하여 다루는데 열 처녀의 비유 (1-13절), 달란트의 비유 (14-30절), 최후의 심판에 관한 이야기가 있다 (31-46절).
그 중에서 달란트의 비유는 하나님으로부터 은혜와 은사를 받은 모든 이에게 말하는 것이다. 달란트는 대략 15년 동안 일한 노동 품삯에 해당되는 비싼 단위이다 (18:23 참조). 그러나 하나님은 돈으로 측정할 수 없는 큰 은혜를 그저 베풀어 주신다.
"달란트"는 복음 자체이며, 하나님이 주신 은사이다.
"착하고 충성된 종"은 순종하는 자이다. 충성은 나에게 은혜를 베풀고 돌보아 주시는 분에게 변하지 않는 한결같은 마음으로 보답하려는 태도이다.
"달란트를 땅에 감추어 둔 자"는 서기관과 바리새인과 같이 율법을 땅에 묻어둔 자들이다. 그들은 율법을 사용하지 않고 율법을 보호하려고만 했다. 충성된 종에게는 더 할 일이 있다. 저주를 받은 이는 할 일이 없다. 저주받은 이는 자기 것만 생각하는 사람들이다. 선물은 적든 크든 귀중한 것이다.
25:29. 달란트를 사용한 자는 더 얻을 수 있고, 사용하지 않은 자는 있는 것까지 빼앗기게 된다. 은사는 사용하지 않으면 없어지게 되어 있다.

━▶생활 속으로
☼ 하나님께서 나에게 맡기어 주신 달란트는 무엇일까? 나는 그것을 교회를 세우는 데 얼마나 사용하고 있을까? 내가 달란트를 사용하지 않아 없어지는 것은 무엇일까?

25:31-46
최후의 심판 때 행함을 보시는 하나님

➡️ 말씀 속으로 ⬅️

25:31 인자가 자기 영광으로 모든 천사와 함께 올 때에 자기 영광의 보좌에 앉으리니 32 모든 민족을 그 앞에 모으고 각각 구분하기를 목자가 양과 염소를 구분하는 것 같이 하여 33 양은 그 오른편에 염소는 왼편에 두리라 34 그 때에 임금이 그 오른편에 있는 자들에게 이르시되 내 아버지께 복 받을 자들이여 나아와 창세로부터 너희를 위하여 예비된 나라를 상속받으라 35 내가 주릴 때에 너희가 먹을 것을 주었고 목마를 때에 마시게 하였고 나그네 되었을 때에 영접하였고 36 헐벗었을 때에 옷을 입혔고 병들었을 때에 돌보았고 옥에 갇혔을 때에 와서 보았느니라 37 이에 의인들이 대답하여 이르되 주여 우리가 어느 때에 주께서 주리신 것을 보고 음식을 대접하였으며 목마르신 것을 보고 마시게 하였나이까 38 어느 때에 나그네 되신 것을 보고 영접하였으며 헐벗으신 것을 보고 옷 입혔나이까 39 어느 때에 병드신 것이나 옥에 갇히신 것을 보고 가서 뵈었나이까 하리니 40 임금이 대답하여 이르시되 내가 진실로 너희에게 이르노니 너희가 여기 내 형제 중에 지극히 작은 자 하나에게 한 것이 곧 내게 한 것이니라 하시고 41 또 왼편에 있는 자들에게 이르시되 저주를 받은 자들아 나를 떠나 마귀와 그 사자들을 위하여 예비된 영원한 불에 들어가라 42 내가 주릴 때에 너희가 먹을 것을 주지 아니하였고 목마를 때에 마시게 하지 아니하였고 43 나그네 되었을 때에 영접하지 아니하였고 헐벗었을 때에 옷 입히지 아니하였고 병들었을 때와 옥에 갇혔을 때에 돌보지 아니하였느니라 하시니 44 그들도 대답하여 이르되 주여 우리가 어느 때에 주께서 주리신 것이나 목마르신 것이나 나그네 되신 것이나 헐벗으신 것이나 병드신 것이나 옥에 갇히신 것을 보고 공양하지 아니하더이까 45 이에 임금이 대답하여 이르시되 내가 진실로 너희에게 이르노니 이 지극히 작은 자 하나에게 하지 아니한 것이 곧 내게 하지 아니한 것이니라 하시리니 46 그들은 영벌에, 의인들은 영생에 들어가리라 하시니라.

25:31. 그리스도가 재림하실 때는 영광스러운 모습으로 오실 것이다. 심판하러 오시는 예수 그리스도는 영원한 벌을 주시는 분이실 뿐만 아니라, 또한 영원한 생명을 주시는 분이시다.

25:32. 그리스도는 모든 민족을 심판하실 것이다. 모든 사람은 심판의 대상이다. 그러나 마지막 심판이 있을 때, 모든 사람은 상을 받는 사람(구원받는 사람)과 상을 받지 못하는 사람(구원받지 못하는 사람)으로 구분될 것이다.

25:33. 양은 오른편(구원받은 자)에 두신다. 양은 착하고, 순진하고, 유익하고, 온유한 자의 상징이다. 염소는 왼편(저주받은 자)에 두실 것이다. 염소는 교만하고, 무익하고, 악한 자의 상징이다.

25:34, 40절, 영광 중에 오시는 분을 왕으로 칭한다. 굶주린 자들을 보살폈느냐 아니냐가 이슈이다. 여기서 인자, 임금, 예수는 같은 분이시다 (25:34, 40).

25:35-36. 마지막 심판은 크리스천들이 얼마나 많이 알고 있고, 얼마나 잘 믿었느냐가 이슈로 되어 있지 않고, 도움이 필요한 사람들을 얼마나 도와주었느냐가 이슈로 되어 있다. 물론 심판 때는 믿음이 필요 없다는 이야기가 아니다. 믿음은 행함이 따라야 한다는 이야기이다. 행함이 없는 믿음은 죽은 믿음이기 때문이다 (약 2:17). 전체적으로 여기에 열거된 선한 행위들은 지극히 작은 이웃을 사랑하는 선한 행위들이다. 작은 자들은 가난하고, 소외되고, 불쌍하고, 권력이 없는 자들인데, 이들에게 선행을 베푸는 것은 곧 그리스도에게 선행을 베푸는 것이다.

마태복음에는 작은 자에 대하여 이미 언급한 바 있다.

"또 누구든지 제자의 이름으로 이 작은 자 중 하나에게 냉수 한 그릇이라도 주는 자는 내가 진실로 너희에게 이르노니 그 사람이 결단코 상을 잃지 아니하리라 하시니라" (10:42).

"어린 아이 (작은 자) 하나를 영접하면 곧 나를 영접함이니" (18:5). "작은 자 중 하나를 실족하게 하면 차라리 연자 맷돌이 그 목에 달려서 깊은 바다에 빠뜨려지는 곳이 나으니라" (18:6). "삼가 이 작은 자 중의 하나도 업신여기지 말라 너희에게 말하노니 그들의 천사들이 하늘에서 하늘에 계신 내 아버지의 얼굴을 항상 뵈옵느니라" (18:10). "작은 자 중의 하나라도 잃는 것은 하늘에 계신 너희 아버지의 뜻이 아니니라" (18:14).

그리고 여기에 열거된 여섯 개 중 세 개는 의무적인 선행이다 (주릴 때 먹을 것을 주는 것, 목마를 때에 마시게 하는 것, 나그네 되었을 때 영접하는 것). 다른 세 개는 자발적이고 적극적인 자선 행위이다 (헐벗었을 때에 옷을 입히는 것, 병들었을 때에 돌보는 것, 옥에 갇혔을 때 와서 보는 것).

25:41-44. 왼편에 있는 자들도 똑같은 조항으로 심판을 받는다. 그들은 "주님이 언제 주리고 헐벗은 것을 우리가 본 적이 있습니까?"라고 묻는다. 만일 주님이 그런 상태에 계신 것을 우리가 보았다면 왜 우리가 가만히 있었겠습니까? 라는 말이다.

25:45-46. 주께서는 똑같은 대답으로 그들에게 말씀하신다. "지극히 작은 자 하나에게 행하지 않은 것이 나에게 하지 않은 것이니라"고 말씀하신다. 결국 왼쪽에 있는 자들은 영벌에, 오른쪽에 있는 자들은 영생에 들어가게 된다.

이 비유의 주요 메시지는 남에게 자신을 주는 행위와 하나님의 뜻을 실행하는 행위의 중요성을 강조하는 것이다. 야고보서는 "믿음이 그의 행함과 함께 일하고 행함으로 믿음이 온전하게 되었느니라"(약 2:22)고 말했다.

예수께서 가르쳐 주신 기본 계명은 하나님 사랑과 이웃 사랑인데, 이 비유는 이웃 사랑을 강조하는 비유이다.

━▶생활 속으로

☼ 지금 내 주변에서 지극히 작은 자는 누구일까?
☼ 우리 교회는 이 지극히 작은 자들을 어떻게 돕고 있는가?
☼ 예수님이 내일 재림하신다면 나는 오늘 무엇을 하게 될까?
☼ 크리스천은 근본적으로 믿음과 선행의 차이를 어떻게 이해하여야 할까?

마태복음 26:1-16
고난주간 셋째 날 (수요일)

━▶주요 메시지

예수를 죽이려고 음모함, 예수의 머리에 향유를 부음, 유다가 배반함.

26:6-13
예수의 머리에 향유를 붓다

━▶말씀 속으로◀━

26:6 예수께서 베다니 나병환자 시몬의 집에 계실 때에 7 한 여자가 매우 귀한 향유 한 옥합을 가지고 나아와서 식사하시는 예수의 머리에 부으니 8 제자들이 보고 분개하여 이르되 무슨 의도로 이것을 허비하느냐 9 이것을 비싼 값에 팔아 가난한 자들에게 줄 수 있었겠도다 하거늘 10 예수께서 아시고 그들에게 이르시되 너희가 어찌하여 이 여자를 괴롭게 하느냐 그가 내게 좋은 일을 하였느니라 11 가난한 자들은 항상 너희와 함께 있거니와 나는 항상 함께 있지 아니하리라 12 이 여자가 내 몸에 이 향유를 부은 것은 내 장례를 위하여 함이니라 13 내가 진실로 너희에게 이르노니 온 천하에 어디서든지 이 복음이 전파되는 곳에서는 이 여자가 행한 일도 말하여 그를 기억하리라 하시니라.

26:6-7. 이 이야기는 예수께서 십자가에 달리시기 전 마지막 주간에 예루살렘에서 동쪽으로 2마일 정도 떨어진 베다니라는 동네에서 벌어진 사건이다. 예수께서 나병환자 시몬의 집에서 제자들과 식사를 하고 계셨는데, 한 여자가 향유 옥합을 가지고 와서 예수님의 머리에 부었다.

26:8-9. 제자들은 이 여자가 향유를 소비하는 것을 보고 분개하여 말한다. 무슨 의도로 이것을 허비하느냐? 제자들은 이것을 비싼 값에 팔아 가난한 자들에게 주어야 한다는 것

이다. 그러나 예수님은 "너희가 어찌하여 이 여자를 괴롭게 하느냐 그가 내게 좋은 일을 하였느니라"고 제자들에게 말씀하신다 (26:10).

향유를 가지고 온 여인은 남이 보지 못하는 것을 본 여자이다. 지금까지 사람들은 예수님의 가르침이나, 말씀 선포나, 치유나 기적만을 보았다. 그러나 이 여자는 예수님의 죽음의 의미를 보고 있는 것이다. 예수님이 행하시는 희생적인 죽음, 구원을 위한 죽음의 의미를 보고 있는 것이다. 그러므로 이 여자는 예수님의 임박한 죽음을 향한 자신의 헌신과 앞으로 예수님과 함께 할 삶을 결단하고 있는 것이다. 예수께서 그가 대제사장과 서기관들에게 잡혀 죽게 되리라고 말씀하셨을 때에도 제자들은 반항적으로 반응했고 (16:21-23), 마음이 무거웠고 (17:22-23), 오해를 하였다 (20:17-23). 그러나 이 여자는 예수님의 장례를 준비한다. 그래서 예수님은 그녀가 좋은 일을 했다고 말씀하신다 (10절).

▅▶생활 속으로

☼ 나는 모든 것을 희생하며 예수님을 섬기고 있는가? 예수님을 섬기려 할 때 방해하는 것들은 무엇인가?

☼ 내가 예수께 구체적으로 드릴 수 있는 것은 무엇일까? 나의 삶이 조금 윤택해질 수 있다면, 예수님을 위하여 하고 싶은 것은 무엇인가?

26:17-75
고난주간 넷째 날 (목요일)

▅▶주요 메시지

고난주간 넷째 날에는 예수님이 제자들과 다락방에서 마지막 만찬을 먹으시고, 베드로가 부인할 것을 예언하시고, 겟세마네 동산에서 기도하시고, 예수님이 잡히시고, 심문당하신다.

26:26-30
마지막 만찬

━▶ 말씀 속으로 ◀━

26:26 그들이 먹을 때에 예수께서 떡을 가지사 축복하시고 떼어 제자들에게 주시며 이르시되 받아서 먹으라 이것은 내 몸이니라 하시고 27 또 잔을 가지사 감사 기도 하시고 그들에게 주시며 이르시되 너희가 다 이것을 마시라 28 이것은 죄 사함을 얻게 하려고 많은 사람을 위하여 흘리는 바 나의 피 곧 언약의 피니라 29 그러나 너희에게 이르노니 내가 포도나무에서 난 것을 이제부터 내 아버지의 나라에서 새것으로 너희와 함께 마시는 날까지 마시지 아니하리라 하시니라 30 이에 그들이 찬미하고 감람산으로 나아가니라.

유월절 음식을 제자들과 함께 먹기 위하여 성 안에 아무에게 가서 "선생님 말씀이 내 때가 가까이 왔으니 내 제자들과 함께 유월절을 네 집에서 지키겠다 하시더라 하라"를 가지고 많은 논란을 벌리지만 (친구의 집이냐 혹은 미리 약속해 놓은 집이냐 등), 이것은 단순히 예수님이 제자들을 시키실 때 제자들은 예수께서 하시는 말씀에 순종하였다는 뜻으로 족하다.

유월절은 하나님이 이스라엘 백성을 노예생활에서 구해내신 사건을 기념하는 절기이다. 이스라엘 백성이 하나님의 사랑을 잊지 않도록 하려는 것이 유월절 절기를 지키는 목적이다. 그리고 유월절에 잡는 양은 구원을 상징한다.

제자들이 만찬을 먹을 때에, 예수께서 "나의 몸과 피를 먹고 마시라" 하신다. 성만찬은 주님이 인간을 해방시켜 주시는 분이실 뿐만 아니라, 구원하여 주시는 분이심을 선포하는 것이다.

우리가 성만찬에 참여할 때마다 그리스도께서 그의 무조건적인 사랑으로 우리를 용서해 주시고, 그의 희생적인 삶 전체를 바쳐 우리를 구원하여 주신 것을 기억나게 해준다. 그리고 떡과 포도주를 통하여 하나님께서 우리와 함께 하고 계심을 눈으로 보고 느낄 수 있게 하여준다. 하나님은 우리가 하나님의 사랑에 의존해야 하는 피조물임을 아시기에 빵과 포도주로 그의 사랑을 우리에게 보여주시는 것이다. 성만찬은 구원을 의미하고, 예수 그리스도의 죽으심과 부활로 인하여 모든 크리스쳔이 궁극적으로 승리할 수 있다는 하나님의 약속을 의미한다. 그리고 그리스도와 성도가 서로 연합되어 있다는 것을 의미한다.

➡생활 속으로

☼ 우리 교회는 성찬식을 얼마나 자주 거행하는가?
☼ 성찬식의 참 의미를 어떻게 이해하고 있는가?
☼ 어떤 교단에서는 모든 사람이 다 성만찬에 참여하게 하고, 또 어떤 교단에서는 12살 이상 세례를 받은 사람들만 참여하게 한다. 이러한 방침에 대한 찬반은 무엇일까?

26:36-46
겟세마네에서의 기도

➡말씀 속으로◀━

26:36 이에 예수께서 제자들과 함께 겟세마네라 하는 곳에 이르러 제자들에게 이르시되 내가 저기 가서 기도할 동안에 너희는 여기 앉아 있으라 하시고 37 베드로와 세베대의 두 아들을 데리고 가실새 고민하고 슬퍼하사 38 이에 말씀하시되 내 마음이 매우 고민하여 죽게 되었으니 너희는 여기 머물러 나와 함께 깨어 있으라 하시고 39 조금 나아가사 얼굴을 땅에 대시고 엎드려 기도하여 이르시되 내 아버지여 만일 할 만하시거든 이 잔을 내게서 지나가게 하옵소서 그러나 나의 원대로 마시옵고 아버지의 원대로 하옵소서 하시고 40 제자들에게 오사 그 자는 것을 보시고 베드로에게 말씀하시되 너희가 나와 함께 한 시간도 이렇게 깨어 있을 수 없더냐 41 시험에 들지 않게 깨어 기도하라 마음에는 원이로되 육신이 약하도다 하시고 42 다시 두 번째 나아가 기도하여 이르시되 내 아버지여 만일 내가 마시지 않고는 이 잔이 내게서 지나갈 수 없거든 아버지의 원대로 되기를 원하나이

다 하시고 43 다시 오사 보신즉 그들이 자니 이는 그들의 눈이 피곤함일러라 44 또 그들을 두시고 나아가 세 번째 같은 말씀으로 기도하신 후 45 이에 제자들에게 오사 이르시되 이제는 자고 쉬라 보라 때가 가까이 왔으니 인자가 죄인의 손에 팔리느니라 46 일어나라 함께 가자 보라 나를 파는 자가 가까이 왔느니라.

예수님은 제자들과 함께 겟세마네라 하는 곳에서 기도하신다. "겟세마네"는 "기름짜는 틀"이라는 작은 동산이다. 겟세마네에서 예수님은 세 제자만 데리고 한적한 곳에 가서 기도하신다. 이 세 사람은 산상변화 때에도 예수님과 함께 했던 제자들이다. 예수님은 단순히 내 마음이 매우 고민하여 죽게 되었으니 너희는 여기 머물러 나와 함께 깨어 있으라고 하신다. 그리고 예수님은 얼굴을 땅에 대시고 엎드려 기도하신다. "내 아버지여 만일 할 만하시거든 이 잔을 내게서 지나가게 하옵소서 그러나 나의 원대로 마시옵고 아버지의 원대로 하옵소서." 예수께서 기도를 마치고 첫 번째로 세 제자에게 돌아오셨을 때, 그들은 잠들어 있었다.

예수께서 두 번째 기도를 마치고 세 제자에게 다시 돌아오셨을 때에도 그들은 잠들어 있었다. 두 번째 기도에서 예수님은 자신이 그 잔을 마시지 않고는 지금의 상황에서 벗어날 수 없음을 알고 계셨다. 그래서 그는 어떠한 대가를 지불하더라도 하나님의 뜻이 이루어져야 된다는 것을 알고 계셨다 (26:42).

예수께서 동일한 말씀으로 세 번째 기도를 마치고 세 제자에게 돌아왔을 때, 그들은 여전히 잠들어 있었다. 예수님은 제자들을 깨워 자신을 파는 자가 오고 있다고 말씀하신다 (26:46).

━▶ 생활 속으로

☼ 겟세마네에서 피땀 흘려 기도하신 예수님처럼, 나도 기도 생활을 하고 있는가?

26:47-56
잡히시다

━━▶말씀 속으로◀━━

26:47 말씀하실 때에 열둘 중의 하나인 유다가 왔는데 대제사장들과 백성의 장로들에게서 파송된 큰 무리가 칼과 몽치를 가지고 그와 함께 하였더라 48 예수를 파는 자가 그들에게 군호를 짜 이르되 내가 입맞추는 자가 그이니 그를 잡으라 한지라 49 곧 예수께 나아와 랍비여 안녕하시옵니까 하고 입을 맞추니 50 예수께서 이르시되 친구여 네가 무엇을 하려고 왔는지 행하라 하신대 이에 그들이 나아와 예수께 손을 대어 잡는지라 51 예수와 함께 있던 자 중의 하나가 손을 펴 칼을 빼어 대제사장의 종을 쳐 그 귀를 떨어뜨리니 52 이에 예수께서 이르시되 네 칼을 도로 칼집에 꽂으라 칼을 가지는 자는 다 칼로 망하느니라 53 너는 내가 내 아버지께 구하여 지금 열두 군단 더 되는 천사를 보내시게 할 수 없는 줄로 아느냐 54 내가 만일 그렇게 하면 이런 일이 있으리라 한 성경이 어떻게 이루어지겠느냐 하시더라 55 그 때에 예수께서 무리에게 말씀하시되 너희가 강도를 잡는 것 같이 칼과 몽치를 가지고 나를 잡으러 나왔느냐 내가 날마다 성전에 앉아 가르쳤으되 너희가 나를 잡지 아니하였도다 56 그러나 이렇게 된 것은 다 선지자들의 글을 이루려 함이니라 하시더라 이에 제자들이 다 예수를 버리고 도망하니라.

26:47-50. 유다(이 유다는 예수님을 판 제자이며 가룟에서 온 사람이다)는 칼과 몽치를 든 무리를 이끌고 예수님을 체포하러 온다. 유다는 곧 예수께 나아와 랍비여 안녕하시옵니까 하며 입을 맞춘다. 예수님은 "친구여 네가 무엇을 하려고 왔는지 행하라 하신대 이에 그들이 나아와 예수께 손을 대어" 잡는다. 그러나 요한복음에서는 유다의 중개가 없이 예수님 스스로가 "내가 그니라" 하시며 당신의 정체를 밝히신다. 가룟 유다는 이 사실로 인하여 후에 자살한다.

26:51-55. 예수와 함께 있던 자 중의 하나가 손을 펴 칼을 빼어 대제사장의 종을 쳐 그 귀를 떨어뜨린다. 요한복음은 이 무명의 사람이 베드로라고 말한다. 그리고 귀가 짤린 대제사장의 종의 이름은 "말고"라고 밝힌다 (요한복음

18:10). 예수님은 칼을 접으라고 명하시고 칼을 가지는 자는 칼로 망한다고 말씀하신다. 드디어 제자들이 다 예수를 버리고 도망한다.

━▶ 생활 속으로

☼ 내가 주일 예배나 어느 집회에 참여할 때, "네가 무엇을 하러 여기에 왔느냐"라고 유다에게 하신 질문을 나에게 하신다면 나는 무엇이라고 예수께 답을 하게 될까?

☼ 나는 예수님을 진정으로 이해하고 있기에 예수님을 부인하지 않으리라고 확신하는가?

☼ 나에게는 예수님을 배반하는 생각이나 행동이 전혀 없을까? 만약에 있다면, 언제 예수님을 배반하게 되는가?

마태복음 27:1-61
고난주간 다섯째 날 (금요일)

➡ 주요 메시지

예수님을 빌라도에게 넘김, 유다가 목매어 자살함, 예수님이 십자가에 못 박히심, 군병들이 예수님을 희롱함, 경비병이 예수님의 무덤을 지킴, 요셉이 예수님의 시체를 요구함.

27:15-26
십자가에 못 박히게 예수를 넘기다

➡ 말씀 속으로 ◀

27:15 명절이 되면 총독이 무리의 청원대로 죄수 한 사람을 놓아 주는 전례가 있더니 16 그 때에 바라바라 하는 유명한 죄수가 있는데 17 그들이 모였을 때에 빌라도가 물어 이르되 너희는 내가 누구를 너희에게 놓아 주기를 원하느냐 바라바냐 그리스도라 하는 예수냐 하니 18 이는 그가 그들의 시기로 예수를 넘겨 준 줄 앎이더라 19 총독이 재판석에 앉았을 때에 그의 아내가 사람을 보내어 이르되 저 옳은 사람에게 아무 상관도 하지 마옵소서 오늘 꿈에 내가 그 사람으로 인하여 애를 많이 태웠나이다 하더라 20 대제사장들과 장로들이 무리를 권하여 바라바를 달라 하게 하고 예수를 죽이자 하게 하였더니 21 총독이 대답하여 이르되 둘 중의 누구를 너희에게 놓아 주기를 원하느냐 이르되 바라바로소이다 22 빌라도가 이르되 그러면 그리스도라 하는 예수를 내가 어떻게 하랴 그들이 다 이르되 십자가에 못 박혀야 하겠나이다 23 빌라도가 이르되 어찜이냐 무슨 악한 일을 하였느냐 그들이 더욱 소리 질러 이르되 십자가에 못 박혀야 하겠나이다 하는지라 24 빌라도가 아무 성과도 없이 도리어 민란이 나려는 것을 보고 물을 가져다가 무리 앞에서 손을 씻으며 이르되 이 사람의 피에 대하여 나는 무죄하니 너희가 당하라 25 백성이 다 대답하여 이르되 그 피를 우리와 우리 자손에게 돌릴지어다 하거늘 26 이에 바라바는 그들에게 놓아 주고 예수는 채찍질하고 십자가에 못 박히게 넘겨 주니라.

빌라도는 주후 26-36년까지 유대와 사마리아와 이두매를 통치한 로마 총독이었다. 유대인들에게는 사형을 시킬 수 있는 권한이 없었지만, 로마 총독에게는 사형을 시킬 수 있는 권한이 주어져 있었다. 로마 총독은 군을 관할하는 권한까지 가지고 있었다. 명절 때마다 총독이 내리는 특사 관례에 따라 빌라도는 유대인들에게 예수님과 바라바 사이에 누구를 놓아 주기를 원하느냐고 물었을 때, 모두 바라바를 놓아 주기 원한다고 함성을 지른다. 빌라도는 예수님의 무죄를 인정하지만 민란이 일어날지도 모른다는 우려 때문에 대야에 물을 떠다 놓고 손을 씻은 후 예수님을 처형하게 하고 바라바를 놓아 주라고 명한다.

여기에 인간의 지혜와 하나님의 지혜가 분명하게 나타나는 것 같다. 빌라도는 자기를 해치는 정치 혁명가 바라바를 석방시켜 주고 예수님을 사형에 처하지만, 하나님은 예수님의 죽으심을 통하여 인간을 살리시는 데에 쓰신다.

27:27-31
군병들이 예수를 희롱하다

━━▶말씀 속으로◀━━

27:27 이에 총독의 군병들이 예수를 데리고 관정 안으로 들어가서 온 군대를 그에게로 모으고 28 그의 옷을 벗기고 홍포를 입히며 29 가시관을 엮어 그 머리에 씌우고 갈대를 그 오른손에 들리고 그 앞에서 무릎을 꿇고 희롱하여 이르되 유대인의 왕이여 평안할지어다 하며 30 그에게 침 뱉고 갈대를 빼앗아 그의 머리를 치더라 31 희롱을 다 한 후 홍포를 벗기고 도로 그의 옷을 입혀 십자가에 못 박으려고 끌고 나가니라.

군인들은 예수님을 관정 안으로 데리고 들어가서 홍포(red cape)를 입힌다 (홍포는 왕이나 황제들이 입는 옷색깔인데, 마가복음에는 15:17에 "자색 옷"을 입히는 것으로 되어 있다). 홍포든, 자색 옷이든, 주홍색 옷은 예수님을 유대인의 왕으로 조롱하기 위하여 사용하는 것이다. 그리고 가시관을 엮어 그의 머리에 씌우고 갈대를 그 오른손에 들리고 "유대인의 왕이여 평안할지어다"라고 희롱한다. 이것은 예수님을 거짓 왕으로 희롱하기 위한 것이다. 이방인들이 이렇게 희롱하는 것은 20:19에서 예수께서 예언하신 수난예고가 성취되는 것이다.

━▶생활 속으로

☼ 오늘날 크리스천은 의도적으로 예수님을 희롱하는 경우는 없을 것이다. 그러나 예수님의 왕권을 인정하지 못하는 경우는 있을 것이다. 우리는 언제 예수님을 우리를 주관하시는 왕으로 인정하지 못하게 되는가?

☼ 초대교회 교인들은 십자가와 관련된 예수님을 받아들이기가 힘들어 했었다. 나는 십자가에 달리신 예수님을 쉽게 받아들일 수 있는 사람이라고 생각하는가?

27:32-56
십자가에 못 박히시다

━▶말씀 속으로◀━

27:32 나가다가 시몬이란 구레네 사람을 만나매 그에게 예수의 십자가를 억지로 지워 가게 하였더라 33 골고다 즉 해골의 곳이라는 곳에 이르러 34 쓸개 탄 포도주를 예수께 주어 마시게 하려 하였더니 예수께서 맛보시고 마시고자 하지 아니하시더라 35 그들이 예수를 십자가에 못 박은 후에 그 옷을 제비 뽑아 나누고 36 거기 앉아 지키더라 37 그 머리 위에 이는 유대인의 왕 예수라 쓴 죄패를 붙였더라 38 이 때에 예수와 함께 강도 둘이 십자가에 못 박히니 하나는 우편에, 하나는 좌편에 있더라 39 지나가는 자들은 자기 머리를 흔들며 예수를 모욕하여 40 이르되 성전을 헐고 사흘에 짓는 자여 네가 만일 하나님의 아들이어든 자기를 구원하고 십자가에서 내려오라 하며 41 그와 같이 대제

사장들도 서기관들과 장로들과 함께 희롱하여 이르되 42 그가 남은 구원하였으되 자기는 구원할 수 없도다 그가 이스라엘의 왕이로다 지금 십자가에서 내려올지어다 그리하면 우리가 믿겠노라 43 그가 하나님을 신뢰하니 하나님이 원하시면 이제 그를 구원하실지라 그의 말이 나는 하나님의 아들이라 하였도다 하며 44 함께 십자가에 못 박힌 강도들도 이와 같이 욕하더라 45 제육시로부터 온 땅에 어둠이 임하여 제구시까지 계속되더니 46 제구시쯤에 예수께서 크게 소리 질러 이르시되 엘리 엘리 라마 사박다니 하시니 이는 곧 나의 하나님, 나의 하나님, 어찌하여 나를 버리셨나이까 하는 뜻이라 47 거기 섰던 자 중 어떤 이들이 듣고 이르되 이 사람이 엘리야를 부른다 하고 48 그 중의 한 사람이 곧 달려가서 해면을 가져다가 신 포도주에 적시어 갈대에 꿰어 마시게 하거늘 49 그 남은 사람들이 이르되 가만 두라 엘리야가 와서 그를 구원하나 보자 하더라 50 예수께서 다시 크게 소리 지르시고 영혼이 떠나시니라 51 이에 성소 휘장이 위로부터 아래까지 찢어져 둘이 되고 땅이 진동하며 바위가 터지고 52 무덤들이 열리며 자던 성도의 몸이 많이 일어나되 53 예수의 부활 후에 그들이 무덤에서 나와서 거룩한 성에 들어가 많은 사람에게 보이니라 54 백부장과 및 함께 예수를 지키던 자들이 지진과 그 일어난 일들을 보고 심히 두려워하여 이르되 이는 진실로 하나님의 아들이었도다 하더라 55 예수를 섬기며 갈릴리에서부터 따라온 많은 여자가 거기 있어 멀리서 바라보고 있으니 56 그 중에는 막달라 마리아와 또 야고보와 요셉의 어머니 마리아와 또 세베대의 아들들의 어머니도 있더라.

사복음서는 군인들의 손에 넘겨진 예수님이 "해골의 곳"이라 불리는 "골고다"로 끌려가 십자가에 못 박히시는 내용을 기록한다. "골고다"는 히브리어로 해골이고, 한글성경에는 나오지 않지만 우리에게 일반적으로 알려진 "갈보리"는 흠정역에서 소개된 용어인데 라틴어로 해골이라는 뜻이다.
마태복음은 예수님의 머리 위에 쓴 죄패를 "유대인의 왕 예수"로 소개하고, 마가복음과 누가복음은 "유대인의 왕," 요한복음은 "나사렛 예수 유대인의 왕"으로 소개한다. 그리고 마태복음과 마가복음은 예수님의 좌우편에 못 박힌 사람들을 "강도"로 소개하고, 누가복음은 "두 행악자," 요한복음은 "두 사람"으로 소개한다.

27:32. 예수님이 심문을 받으신 후 십자가를 지고 골고다를 향하여 가시는 과정과 십자에서 처형받으시는 장면에서 낯선 세 사람이 소개된다. 첫 번째 사람은 구레네 사람 시몬이다. 이 사람은 제자들 대신 예수님의 십자가를 지게 된다. 예수님의 부름을 받은 제자들이 스승의 십자가를 대신 질 수 없었을 때, 하나님은 구레네 사람을 들어 쓰신다.

두 번째 사람은 로마 백부장이다. 이 백부장은 제자들이 하지 못한 신앙고백을 하게 된다. "이는 진실로 하나님의 아들이었도다" (27:54).

세 번째 사람은 아리마대 요셉이다. 이 사람은 빌라도에게 예수님의 시체를 요구하고 자신의 무덤에 예수님을 안장한 사람이다 (27:57-60). 사회적으로 높은 위치에 있던 아리마대 요셉은 예수님의 시체를 요구해서 이득을 보는 것이 하나도 없었다. 오히려 그에게 닥쳐올 손실이 컸다. 그러나 그는 그러한 손실을 마다하고 빌라도에게 예수님의 시체를 요구했다. 이러한 결단이 제자가 가야 할 길이다.

구레네 시몬의 십자가 사건, 백부장의 고백 사건, 아리마대 요셉의 장례 사건은 예수님의 제자들이 보여주지 못한 제자의 도를 예수님과 직접 관계되어 있지 않던 사람들을 통하여 보여주는 사건들이다.

➡생활 속으로

☼ 제자들이 예수님의 십자가를 대신 질 용기가 없었을 때, 하나님은 구레네 시몬과 백부장과 아리마대 요셉을 들어 제자의 도를 가르쳐 주신다. 하나님은 나를 예수님의 고난과 관련하여 어떻게 들어 쓰고 계시다고 생각하는가?

☼ 오늘날은 십자가가 아름답게 장식되어 우리가 장식품으로 많이 사용하고 있지만, 옛날에는 이것이 사형틀이었다. 예수께서 십자가를 지고 나를 따르라고 말씀하신 것은 무엇을 의미하는 것일까?

27:34. 헬라어로 "쓸개"는 "독"으로 되어 있다. 예수님은 "독"을 마시지 않으셨다는 것이다.

27:35에 "그들이 예수를 십자가에 못 박은 후에 그 옷을 제비 뽑아 나누고"라고 되어 있다. "나를 보는 자는 다 비웃으며 입술을 비쭉거리고 머리를 흔들며 말하되 그가 여호와께 의탁하니 구원하실 걸, 그를 기뻐하시니 건지실 걸 하나이다" (시편 22:7-8). "그가 하나님을 신뢰하니 하나님이 원하시면 이제 그를 구원하실지라 그의 말이 나는 하나님의 아들이라 하였도다 하며" (27:43).

다시 말해, 마태복음에서는 예수님의 십자가 사건 하나 하나가 구약성경을 성취하는 것으로 보고 있다 (사 53:12). 십자가 사건은 구약에서 언급된 하나님의 구원 목적을 성취하는 것이다. 마태복음은 중반부에서부터 세 번에 걸쳐 예수께서 그가 죽게 될 것을 예보하신 내용을 소개했다 (16:21; 17:22-23; 20:17-19). 예수께서 하신 그 예보가 지금 이루어지고 있는 것이다.

그러나 마태복음은 "그들이 예수를 십자가에 못 박은 후에" (35절) 라고 간략하게만 언급한다. 아마도 예수님이 십자가 위에서의 처형당한 사건 자체보다는 예수님의 십자가가 어떻게 구약의 예언을 성취하는가에 더 관심을 두고 있었던 것 같다 (시편 22편과 66편).

27:46. "엘리 엘리 라마 사박다니"는 시편 22:1 "내 하나님이여 내 하나님이여 어찌 나를 버리셨나이까"를 인용한 것이다. 이것도 성경 말씀이 성취되는 것이다.

27:55-56. 십자가는 로마인이 아닌 죄수들을 처형하던 사형틀이었다. 십자가의 처형을 멀리서 바라보고 있던 여자들이 있었는데, 그들은 막달라 마리아와 또 야고보와 요셉의 어머니 마리아와 또 세베대의 아들들의 어머니이었다. 세베대의 아들들의 어머니는 아들들을 하나는 좌편에 다른 하나는 우편에 앉게 해 달라고 요청한 어머니였다. 이 여자

들이 십자가의 목격자들이다. 예수님의 제자들은 예수님을 버리고 도망치는 바람에 예수님의 십자가를 목격하지 못했지만, 이 여인들은 예수님의 죽음의 목격자일 뿐만 아니라, 예수께서 부활하신 사건도 제일 먼저 목격한 사람들이 되었다. 예수님은 말씀하셨다. "그러나 너희 눈은 봄으로, 너희 귀는 들음으로 복이 있도다 내가 진실로 너희에게 이르노니 많은 선지자와 의인이 너희가 보는 것들을 보고자 하여도 보지 못하였고 너희 듣는 것들을 듣고자 하여도 듣지 못하였느니라" (마태복음 13:16-17).

27:37-38. 마태복음과 마가복음과 요한복음에는 예수님의 좌우편에 못 박힌 강도들이 예수님과 말하는 장면이 나오지 않는다. 그러나 누가복음은 "강도"를 "행악자"라고 기록할 뿐만 아니라 예수님과 대화하는 장면을 소개한다. 그 이유는 이 "강도" 혹은 "행악자"는 혁명가들이었기 때문이다.

➡생활 속으로

☼ 예수님이 나를 버렸다고 생각해 본 적이 있는가? 왜 그러한 생각을 하게 되었는가?

27:57-61
요셉이 예수의 시체를 무덤에 넣어 두다

➡말씀 속으로◀―

27:57 저물었을 때에 아리마대의 부자 요셉이라 하는 사람이 왔으니 그도 예수의 제자라 58 빌라도에게 가서 예수의 시체를 달라 하니 이에 빌라도가 내주라 명령하거늘 59 요셉이 시체를 가져다가 깨끗한 세마포로 싸서 60 바위 속에 판 자기 새 무덤에 넣어 두고 큰 돌을 굴려 무덤 문에 놓고 가니 61 거기 막달라 마리아와 다른 마리아가 무덤을 향하여 앉았더라.

신명기 21:22-23에 의하면, 나무 위에서 처형당한 시체는 그 당일로 장사하게 되어 있다. 그뿐만 아니라 금요일 오후부터는 안식일이 시작되기 때문에 유대인들은 예수님의 시체를 처리하기를 원했다.

예수님이 처형당한 날 아리마대의 부자 요셉이 빌라도에게 가서 예수의 시체를 달라고 요청하고 예수님의 시체를 가져다가 깨끗한 세마포로 싸서 바위 속에 판 자기 새 무덤에 넣고 돌 문을 닫는다.

아마도 마태복음은 이사야 53:9에서 "그의 입에 거짓이 없었으나 그의 무덤이 악인들과 함께 있었으며 그가 죽은 후에 부자와 함께 있었도다"가 성취되는 것으로 생각했을 것이다.

➡생활 속으로

☼ 아리마대 요셉이 예수님의 시체를 장사지내는 과감한 결단은 자신의 명예와 생명까지 내려놓는 결단과 헌신이었다. 나는 예수님을 위해 희생할 각오가 서 있는 사람인가?

27:62-66
고난주간 여섯째 날 (토요일): 무덤을 지키다

➡말씀 속으로◀

27:62 그 이튿날은 준비일 다음 날이라 대제사장들과 바리새인들이 함께 빌라도에게 모여 이르되 63 주여 저 속이던 자가 살아 있을 때에 말하되 내가 사흘 후에 다시 살아나리라 한 것을 우리가 기억하노니 64 그러므로 명령하여 그 무덤을 사흘까지 굳게 지키게 하소서 그의 제자들이 와서 시체를 도둑질하여 가고 백성에게 말하되 그가 죽은 자 가운데서 살아났다 하면 후의 속임이 전보다 더 클까 하나이다 하니 65 빌라도가 이르되 너희에게 경비병이 있으니 가서 힘대로 굳게 지키라 하거늘 66 그들이 경비병과 함께 가서 돌을 인봉하고 무덤을 굳게 지키니라.

무교병 축제와 관련되어 있는 "준비일 다음 날"은 안식일을 말하는 것이다. 종교 지도자들은 예수님이 사흘 후에 다시 살아나리라 하신 말씀을 기억하고 있었다. 그래서 빌라도에게 경비병들을 보내 예수님의 시체를 삼일 동안 지키게 해 달라고 요청한다. 이유인즉은 예수님의 시체를 훔친 후, 그가 다시 살아났다고 소문을 퍼뜨릴 경우 전보다 더 큰 혼란이 생기게 될 것이라는 이유 때문이다. 빌라도는 이들의 요청을 받아들이고 경비병을 보내서 돌을 인봉하고 무덤을 굳게 지킨다.

대제사장들과 바리새인들과 빌라도 간에 오고간 이야기는 복음서들 가운데 마태복음에만 기록되어 있는 것이다. 마태복음 저자에게 이 이야기의 내용은 분명하다. 대제사장들과 바리새인들과 총독의 권력으로 예수님의 무덤문을 인봉할 수 있을지 모르지만 하나님의 구원 계획은 폐기할 수 없다는 것이다. 그리고 무덤 안에 있는 예수님의 시체를 지킬 수 있을지는 몰라도 예수님이 다시 살아나는 부활의 힘을 막을 수가 없다는 것이다.

━▶생활 속으로

☼ 우리는 우리가 예배 드릴 때 고백하는 사도신경 중에서 "이는 성령으로 잉태하사 동정녀 마리아에게 나시고, 본디오 빌라도에게 고난을 받으사, 십자가에 못 박혀 죽으시고, 장사한 지 사흘 만에"까지 마태복음 저자와 함께 예수님이 걸어가신 길을 따라 여기까지 왔다. 나는 현재 예수님에 대하여 알 뿐 아니라 그를 따라가는 예수님의 사람이 되어 가고 있는가, 아니면 아직도 예수님이 누구신지 모르겠는가?

☼ 예수님에 관한 모든 진리를 감추려고 애쓴 제사장들과 관료들이나 병사들이 다 실패한 것을 아는 오늘의 내가 예수님을 확신 있게 받아들이지 못하는 이유는 무엇일까?

☼ 예수님의 십자가와 부활의 의미를 제일 잘 적용시켜 준 사람은 사도 바울이다. 로마서 1-16장을 통독하여 보자.

마태복음 28:1-20
예수님의 부활 (일요일)

━▶ 주요 메시지
28:6. 그가 여기 계시지 않고 그가 말씀 하시던 대로 살아 나셨느니라 와서 그가 누우셨던 곳을 보라.

28:1-10
살아나시다

마태복음 28장은 임마누엘로 이 땅에 오신 예수님이 부활 사건을 통하여 우리와 항상 함께 하고 계시다는 사실을 입증하여 주는 이야기이다. 그러므로 부활 이야기는 믿음의 이야기이다. 하나님의 권능으로 일어난 부활은 사람의 이성으로 이해되는 것이 아니라 부활의 힘을 체험한 사람들에게 나타나는 새 생명에 관한 이야기이기에 믿음의 이야기이다.

━▶ 말씀 속으로 ◀━
28:1 안식일이 다 지나고 안식 후 첫날이 되려는 새벽에 막달라 마리아와 다른 마리아가 무덤을 보려고 갔더니 2 큰 지진이 나며 주의 천사가 하늘로부터 내려와 돌을 굴려 내고 그 위에 앉았는데 3 그 형상이 번개 같고 그 옷은 눈 같이 희거늘 4 지키던 자들이 그를 무서워하여 떨며 죽은 사람과 같이 되었더라 5 천사가 여자들에게 말하여 이르되 너희는 무서워하지 말라 십자가에 못 박히신 예수를 너희가 찾는 줄을 내가 아노라 6 그가 여기 계시지 않고 그가 말씀하시던 대로 살아나셨느니라 와서 그가 누우셨던 곳을 보라.

안식 후 첫날 새벽에 막달라 마리아와 다른 마리아가 무덤을 찾아 왔다. "큰 지진이 나며 주의 천사가 하늘로부터 내려와 돌을 굴려 내고"라는 것은 옛 질서가 무너지고 새 질서가 생기는 것을 의미한다. 마태복음은 예수님의 시체를 지키던 자들이 무서워 죽은 사람과 같이 되었다고 표현하고 있다. 천사가 여자들에게 직접 말한다. "너희는 무서워하지 말라 십자가에 못 박히신 예수를 너희가 찾는 줄을 내가 아노라 그가 여기 계시지 않고 그가 말씀하신 대로 살아나셨"다고 말한다. 이 여자들은 일요일 아침에 예수님이 묻힌 무덤에 왔을 때, 예수님의 부활을 알고 온 사람들은 아니었다. 그러나 예수님이 계신 곳에 제일 먼저 왔기에 예수님이 부활하신 것을 제일 먼저 목격하게 된 사람들이다. 우리도 예수님이 계신 곳에 가면 예수님을 만날 수 있지 않겠는가!

➡ 말씀 속으로 ⬅

28:7 또 빨리 가서 그의 제자들에게 이르되 그가 죽은 자 가운데서 살아나셨고 너희보다 먼저 갈릴리로 가시나니 거기서 너희가 뵈오리라 하라 보라 내가 너희에게 일렀느니라 하거늘 8 그 여자들이 무서움과 큰 기쁨으로 빨리 무덤을 떠나 제자들에게 알리려고 달음질할새 9 예수께서 그들을 만나 이르시되 평안하냐 하시거늘 여자들이 나아가 그 발을 붙잡고 경배하니 10 이에 예수께서 이르시되 무서워하지 말라 가서 내 형제들에게 갈릴리로 가라 하라 거기서 나를 보리라 하시니라.

그리고 천사는 예수님이 여기 계시지 아니하고 그가 말씀하시던 대로 살아나셨다는 소식을 빨리 가서 그의 제자들에게 말해 주라고 한다. "이에 예수께서 이르시되 무서워하지 말라 가서 내 형제들에게 갈릴리로 가라 하라 거기서 나를 보리라 하시니라." 왜 갈릴리로 가서 만나라고 하는가? 이것은 예수께서 사역하셨을 때 말씀하신 것이 성취되는 것을 강조하기 때문이다. "그가 여기 계시지 않고 그가 말씀하시던 대로 살아나셨느니라." 지금부터 제자들의 믿음은 예수께서 말씀하신 것과 역사를 확신하느냐 아니면 확신하지 못하느냐와 직접 관련되어 있음을 강조하기 때문이다.

━━▶ 생활 속으로

☼ 예수님과 가까이하던 제자들이 부활 소식을 들었을 때, 하나같이 그 소식을 믿지 못했다. 같은 부활 소식을 오늘 나에게 전해 준다면 나는 그 자리에서 그 소식을 믿을 수 있을까?

☼ 내가 빈 무덤을 목격했다면, 나는 예수님의 부활을 확신했을까? 왜? 또한 예수님이 내 앞에 서서 말씀하셨다면 부활하신 예수님의 음성을 알아 들었을까?

28:16-20
제자들에게 할 일을 분부하시다

━━▶ 말씀 속으로 ◀━━

28:16 열한 제자가 갈릴리에 가서 예수께서 지시하신 산에 이르러 17 예수를 뵈옵고 경배하나 아직도 의심하는 사람들이 있더라 18 예수께서 나아와 말씀하여 이르시되 하늘과 땅의 모든 권세를 내게 주셨으니 19 그러므로 너희는 가서 모든 민족을 제자로 삼아 아버지와 아들과 성령의 이름으로 세례를 베풀고 20 내가 너희에게 분부한 모든 것을 가르쳐 지키게 하라 볼지어다 내가 세상 끝날까지 너희와 항상 함께 있으리라 하시니라.

무덤에 갔던 여자들은 부활의 사건을 제자들에게 증거했음이 분명하다. 열한 제자가 갈릴리로 갔다. 예수님이 일러주신 산에 이르렀다. 그 곳에서 예수님을 뵙고 경배하였다.

28:16. 어느 산을 말하는 것일까? 지리적인 특정한 산을 의미하는 것보다는 예수님과 함께 했던 많은 산들을 기억나게 해주는 것일 것이다. 예수님의 말씀을 듣기 위해 올라갔던 산상수훈의 산 (5:1), 예수님과 함께 기도했던 산 (14:23), 오천 명을 먹이던 산 (15:29), 산상변화의 산 (17:1), 제자들은 예수님이 새롭게 말씀하실 이 산에서 예수님을 다시 만나게 될 것이다. 믿음은 믿느냐 믿지 못하느냐가 이슈이지, 보

느냐 보지 못하느냐가 이슈가 아니다. 믿지 못하는 사람은 보아도 믿지 못하기 때문이다.

28:19-20, 예수님은 무엇을 하라는 말씀인가?
가서 모든 민족을 제자로 삼으라고 하신다.
아버지와 아들과 성령의 이름으로 세례를 베풀라고 하신다.
내가 너희에게 분부한 모든 것을 가르쳐 지키게 하라고 하신다.
그리고 세상 끝날까지 함께 하시겠다고 약속하신다.
예수 그리스도는 우리를 보고만 계시지 않으실 것이다. 우리를 사랑하시고, 격려하시고, 인도하시고, 우리에게 소망을 주실 것이다. "내가 세상 끝날까지 너희와 항상 함께 있으리라."
우리는 부활의 사건을 통하여 다시 한 번 그리스도의 죽으심, 빈 무덤, 변화된 제자들, 박해 가운데에서도 살아남은 초대교회, 사도 바울의 증언, 그리고 신약성경 27권의 모든 내용을 이해할 수 있어야 한다. 그러면 초대교회 크리스천들에게 영향을 주던 부활의 힘이 21세기에 살고 있는 나에게도 영향을 주고 있음을 실감하게 될 것이다.

➡ 생활 속으로

☼ 지나간 2,000년 동안 부활의 힘을 체험한 사람들 때문에 기독교가 살아남을 수 있었다는 말은 무엇을 의미할까?
☼ 예수님이 성령의 역사를 통하여 지금 나에게 부활의 소망을 심어주고 있다면, 나는 얼마만큼 이 기쁜 소식을 받아들일 수 있을까?
☼ 우리 주변에 세상 끝까지 가서 복음을 전파하는 선교사들을 위하여 함께 기도하자.

▶저자 소개◀

말씀과 생활 강해 성경공부 시리즈 가운데 **마태복음**을 집필한 원달준 목사는 서울 감리교신학대학교, 연세대학교 연합신학대학원, 오하이오 감리교신학교, 뜨류대학교 대학원에서 성서신학을 전공하였다.

저자는 미연합감리교회 동부오하이오연회에서 목사 안수를 받은 후 40년 동안 사역하였으며, 평신도들에게 50년 이상 성경을 가르친 경험이 있다. 그는 25년 동안 테네시 주 내쉬빌에 있는 미연합감리교회출판부에서 교단을 위하여 출판 사역을 하다가 2009년에 은퇴하였다.

www.ingramcontent.com/pod-product-compliance
Lightning Source LLC
LaVergne TN
LVHW031630070426
835507LV00024B/3411